育もう家政学

あなたの生活に寄り添う身近な学問

家政学のじかん編集委員会 編

家政学
KASEIGAKU

開隆堂

はじめに

　みなさんは，日々の暮らしの中で，何かを「育む」ことをしていますか。

　庭の草木やペット，身近な誰かとの関係，社会とのつながり，そして自分自身のこと……。もしかすると，みなさん自身が気づかない間に，「育んでいるもの」があるかもしれませんね。

　私たちの生活は，「今日よりも明日の方がよくなるように」と願って発展してきました。一方，最新の技術に支えられ，たくさんのモノや情報に囲まれた生活の中で，何をどう選べばよいか，そして大切なものが何かも分かりにくくなっています。

　「よりよく生きること」の答えは，人それぞれで，時代によっても社会によっても異なることでしょう。本書は，家政学という学問が，その道しるべの1つとなることを願ってつくられました。

　序章では，現代社会における家政学の使命を解説しています。つづく第1部では，"命をはぐくむ"をテーマに＜生きる＞＜悼む＞＜幹をつくる＞，第2部では，"人とつながる"をテーマに＜結ぶ＞＜遊ぶ＞＜連なる＞，第3部では，"暮らしをつくる"をテーマに＜着る＞＜食べる＞＜住まう＞＜老いる＞＜計らう＞＜学ぶ＞といった12の行動に結びつく話題とともに，12のコラムも提供しています。

　本書をヒントに「これ育もう♪」と思うものを見つけてみてください。

　家政学は，みなさんの生活に寄り添う身近な学問です。
　では，家政学への扉を開いてみましょう。

目次

第1部　命をはぐくむ

序章

基
生活こそは万物の基礎である
p.7

第1章

産
胎児の命は誰のものか
p.19

第2章
悼
大切な人を失う
p.29

第3章
幹
からだをつくる，命をつなぐ
p.39

第3部　暮らしをつくる

第8章

食
食卓での家族団らんの歴史と今後
p.89

第9章

住
住まいの権利を考えよう
p.99

第10章

老
高齢期と住まいやくらし
p.109

第11章

計
憂いあるから備えありの人生設計
p.119

第 2 部　人とつながる

第 4 章

結
高齢者が地域で
暮らすということ
p.49

第 5 章

遊
人がよりよく生きる
「生」に向かって
p.59

第 6 章

連
食べるカタチと
「Co-食」の場
p.69

第 7 章

着
地球に寄り添う
衣服の一生
p.79

第 12 章

学
今こそ家庭科！
－人生100年時代の
学びは家政学から？－
p.129

COLUMN 目次

1　家政学という学問を"旅する"あなたへ ………… 18
2　ホーム・エコノミクスで世界を変えよう！…… 28
3　「高齢者のケア」について考える ……………… 38
4　週末猟師が考える地域共生社会 ………………… 48
5　快適すぎる空間の危険性！？ …………………… 58
6　シェア居住から考える暮らしのデザインの実践 68
7　中学生・高校生が考える未来の生活とは!？… 78
8　家庭科教育の可能性 ……………………………… 88
9　なぜ「選択的夫婦別姓」は認められないのか… 98
10　生活について,つい語りたくなるカード型教材… 108
11　共に暮らすを疑似体験 …………………………… 118
12　家政学と既存科学の違い ………………………… 128

Shall we enjoy
Home Economics?

生活こそは万物の基礎である

序章

　AI(人工知能)の進化がめざましい。特にChatGPTの普及は,人々の日常生活における様々な課題や疑問に即座に期待の回答を与えてくれる。日々の衣食住の悩みだけでなく,将来の生活設計や家族のあり方についても,先導師的な助言さえ授けてくれるだろう。

　ただ,玉石混合のその「ご宣託」に人々が全幅の信頼を託すためには,AIはこれから様々な人達の生活実践や生活スタイル,環境の変化への対応法についての膨大な情報を収集し,その対処実態を深層学習することが必要となる。そのことは当事者が意識しなくても,私達のこれからの生活が,結果的にAIの精度を高めるためのデータ化の役割を担わせられることを意味している。

　AIの進化は,機械が人間の道具であった社会から,人間が機械の道具となる社会の到来という矛盾をも深化させている。

岸本幸臣

🐝 生活はなぜ進化するのか

　世界の総人口の経年推移を見てみると、人類史十数万年間に地球上で生活できる人口は数百万人程度から約八十億人に増加しています（図1）。しかし、注目すべき点は、その人口数は緩慢に増加してきたのではなく、第二次産業革命以降ここ150年程の間に爆発的に急増していることです。生活が原始的だった太古の昔、人類はこの世に生を受けても飢餓や疾病、災害や争いなどで命を永らえることは至難のことでした。不慮の災難で余命を全うできなかった大切な仲間を悼み、安全で豊かな生活をと望む人々の切実な想いが、私たちの日々の生活の改善と進化を動機づけ、その結果として地球上に生存できる人口をここまで増加させてきました。その意味では近年の人口の爆発的増加は、私たちの日々の生活進化の結果だと言えます。でも、それは人口爆発による食糧の絶対的不足、豊かな生活を支える機械化や都市化による地球規模の環境や生態系破壊など、人類の存続を根底から危うくする原因にもなっています。

　けれども、生活進化を止めることはできるのでしょうか？　大局的に見る

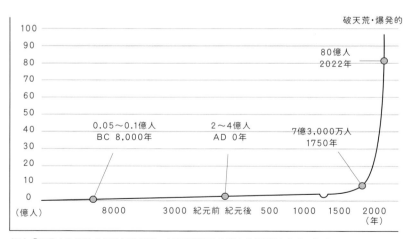

（注）「世界人口推計-2022年改訂版-」（国連経済社会局人口部）等を参考に作成

図1　地球上の総人口数の経年変化

と人類の生活史において「古き良き時代」など存在しません。生活進化は必然的だとも言えます。従って，ただ懐古主義的に進化に抵抗するのではなく，加速的な進化を制御的な進化へと質的に転換することこそが問われています。

　生活の豊かさの指標に見える人口増加曲線，それは他方で人類の生活を破局に導く道標にも見えます。これからの生活進化はどうあるべきなのか，「様々な科学」[1]はそれにどう対応すべきなのか，私たちは人類史のとても大切な転換期に今を生きているのです。

● 社会生活と家庭生活（パラダイム転換）

　日々の生活に対する私たちのささやかな願いが，生活進化の原点だと述べました。でも，日々の生活と言うと些細な営みに過ぎないのではと，素朴に思うこともあります。図2に示したように，「これまでの価値観」に従うと「社会生活」と呼ばれる生産的営みの諸活動，例えば政治・経済あるいは医療や建設などは社会発展のための大切な活動に思えます。これに比べ私たちの「家庭生活」と呼ばれる日々の営み，例えば調理や洗濯あるいは家計や家族関係などは，取るに足りないつまらない活動のように見えます。その結果，社会生活は大切な世界，家庭生活は低俗な世界という生活蔑視の価値観が育まれてきました。でも人間は，この些細な営みにみえる家庭生活を，何十万年間かけて徐々に改善することにより，今日のような高度な文明を実現させてきました。その営みの根底にあったのは，「飢餓や貧困，危険や苦役，格差や戦（いくさ）から解放されたい」という素朴な欲求だったと思われます。だとすると，最先端の科学技術と高度な社会システムに支えられた現代生活も，基を糺せば些細な営みにみえる家庭生活の改善・進化要求の結果なのだと言えます。

　社会生活の様々な営みは，一見家庭生活から縁遠い存在に思えますが，実は日々の営みである家庭生活が「目的体系」であり，そのための「手段体系」としての営みが社会生活なのではないでしょうか。そう考えると，社会生活の原点は家庭生活にあるといっても過言ではないのです。それが「これからの価値観」として必要なように思います。いわば価値観の転換（パラダイム

転換）が問われています。

　確かに産業革命以降，科学技術を中心に社会生活の領域は急速な発展を遂げて来ました。その結果，「手段体系」であった社会活動に関わる営みは，人間生存にとって何よりも大切な営みとなり，逆に生産されたものを消費する立場にある家庭生活は，非生産的で価値の低い営みと錯覚されて来たようです。それでも社会活動の成果が家庭生活の利便性や安全性，あるいは豊かさの実現に大きく貢献していた段階では，こうした価値観に疑問や抵抗を感じることが少なかったわけです。だが，科学技術の進展が利便性や豊かさをもたらす一方で，人間生活への矛盾や弊害を拡大させ始めると，社会制度や科学技術の無際限な発展に大きな疑問符が付きはじめます。

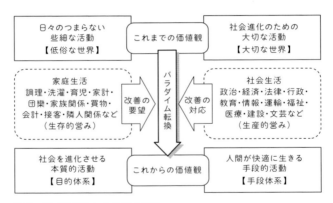

図2　家庭生活と社会生活の関係

　改めて，人間存在の本来の「目的体系」である家庭生活を守り維持することを直接使命とする新たな科学の役割が必要となってきます。それが人類史の転換期にある家政学に新たに課せられた今日的役割だと言えます。

家庭生活の外部化・社会化現象

　ところで近年は家庭の役割が変化し，家庭不要論の声も聞かれます。確かに，現代人の家庭生活は昔とは大きく違う役割を担っています。つい一世紀

程前，多くの家庭では日々の生活に必要な物資の多くを自分たち自身で造り出す生産的役割と，それを使って日々の暮らしを営む消費的役割の両面を担っていました。また，冠婚葬祭や老人・弱者の世話，あるいは子どもの教育，更には病人の看病といった相互扶助の役割も家庭や地域で担っていました。ところが今日の家庭では，このような役割の多くは家庭の外に移っています。また生活者の多くは，社会で働くことで生活維持に必要な収入を得て，それを使って生活に必要な物資やサービスを家庭の外にある市場で取得しています。

これまで家庭の中にあった役割の多くが家庭の外に移り，いわゆる市場化や社会化といった現象が進行し，家庭の役割は縮小・純化してきています。しかし，家庭の機能が外部化・社会化されると，質の高いサービスには高い対価が求められ，しかもその運営が市場原理に委ねられる危険性もあります。その場合，全ての人たちが生活上必要な機能を公平に享受できなければ，家庭生活の安定的な維持は難しくなります。家庭の役割の外部化・社会化は，過疎地の人たち・高齢者・貧困層・情報弱者といった人たちの生活機能の脆弱化を他方で加速させかねない危険性を含むことにもなります。今後も加速する家庭の役割の変化が，国連のSDGs[2]が目指す「誰一人取り残さない」（Leave no one behind）という課題をしっかり担保しているのかを丁寧に見極めていくことが問われてきます。

社会の進歩と矛盾の拡大（科学技術万能の過信）

生活の合理化・省力化・安定化は，私たちが快適に生き続けて行くための大切な条件です。そして今日私たちが享受している豊かな生活は，こうした目的のために先人たちが重ねてきた社会活動の結果であることも前述の通りです。従って，家庭生活に源泉を置く科学や技術の開発成果は，最終的には私たちの家庭生活の改善に還元されるのが本来の姿だと言えます。近代の家政学は，生活事象を諸科学の知見で分析し，従来はしきたりや慣習として伝承・継承されてきた生活事象を科学の目で捉え直し，問題点を抽出し生活改善の具体策を科学的に提言してきました。これまでの家政学の特性である「生

活の科学化」の使命がこれに当たります。

　しかし一方で，社会の生産的営みの領域での効率化や合理化の近視眼的追求は，家庭生活を歪める現象も招いています。例えば食生活では，以前は貧しい栄養状態の改善が大きな課題でしたが，食料生産や流通手段の発達の結果，私たちは「いつでも・どこででも・好きなように・好きなものを食べる」豊かな食生活を手に入れています。確かにそれは科学技術の成果ですが，その結果「家族がバラバラに・好きな時に・好きな物だけを食べる」ことを可能にし，食を通しての健康維持や家族との共食や人とのコミュニケーションといった機能を軽視・分解させる結果をも同時に招いています。

　また，経済活動も本来は，私たちの日常生活に必要な物資や資本の効率的な流通を支え，富の公平な分配を目指して登場した営みです。しかし，現在の経済の一部は巨大マネーゲームを支え，世界の実質経済の総価値を何倍も上回る資金を地球規模で操り，世界の富の半分を僅か数十人の人たちの手に集中させています。経済活動の成果を私的な利潤追求に特化させると，全ての人たちの生活を豊かにするという課題は脆くも消え去ってしまいます。弱肉強食重視型でなく市場経済下での公平分配重視型の経済成長へと，流れを転換することが問われ始めています。進化が緩慢だと，その恩恵は小さいが加害も少なかった。だが進化が急速になると，その恩恵は巨大になるが加害も甚大になります。

　社会発展がもたらすこうした諸矛盾を，日本学術会議は「直接的暴力（戦争）以外の諸力によって引き起こされる新たな平和問題」[3]であるとし，人類生存にとっての危機と位置づけ，科学技術の発展が地球規模において人間の尊厳・生命の安全を害しつつあると警告しています。このように，科学技術の発展や社会進化は，必然的に「恩恵と加害」という功罪二面性を内在する矛盾を持っています。そしてその矛盾は，今後一層激化の道を辿りそうです。

◆ 生活を守る家政学（科学の生活化）

　では，私たちが健全な家庭生活を実現するための合理化や省力化あるいは

新たな技術開発等は，どの程度であることが好ましいのでしょうか。やみくもに「成長至上主義」に頼るのではなく，科学や社会進化に内在する功罪二面性を人間生活の領域から具体的に検証することが，現代の家政学に課せられた新たな使命なのではないでしょうか。

家庭生活の中の具体的問題点に着目し，その改善を目指していた時代から，更に進んで改善が生活にもたらす弊害や矛盾の前兆を予見し，それを回避する具体策を提起してゆく研究も，家政学の新たな社会的使命になって来ていると言えるでしょう。国際家政学会は「21世紀の家政学」の中で，家政学が目指す豊かな生活（Optimal Well-being）の実現には，"Future Proofing"（将来の不安に耐えられる）の役割の大切さを指摘しています[4]。また，そのことは「家政学専門職は時代の被害者としてでなく，時代を変える主体者として位置づけられる」ことをも意味しています[5]。

そうした視点に立つと，手段体系としての社会での諸活動は家庭生活の安定化とその存続に役立ってこそ，存在意義があるのだと言うことになります。その意味では家政学は社会活動がなし得た成果が，家庭生活に正しく還元できているのかを先駆的に厳しく検証する責任があります。「科学の生活化」と呼ばれる研究活動はこれに当たります。それは先述の「生活の科学化」の使命に加えて，新しい時代の家政学が担うべきもう一つの使命だと言えます[6]。

即ち，社会生活の個別の分野では，各々の目的だけが近視眼的に追求され，家庭生活が求める調和的な豊かさへ還元する使命が軽視され，歪められる危険さえ生じさせています。それを回避するためには，「家庭生活」と「社会生活」の二つの活動を不可分に連携させ，統一的に促進させる必要があります。その意味でも，「生活は万物の基礎である」と言えます。

❖ 家政学の領域構成

では次に，家政学の内容について考えてみましょう。「家政学は，家庭生活を中心とした人間生活における人と環境との相互作用について，人的・物質的両面から，自然・社会・人文の諸科学を基盤として研究し，生活の向上とともに人類の福祉に貢献する実践的総合科学である」と定義され，そして

領域科学の構成としては、「食物学・被服学・住居学・児童学・家庭経営学・家政教育学」の6つが当時の代表的な領域例として紹介されています[7]。即ち、家政学は家庭生活に関わる様々な事象を直接の研究対象とし、その特性や問題点を把握し、安全で豊かな暮らしの持続に向けて解決策を提起することにあります。そのためには複雑な生活事象の構造を、様々な局面から総合的に分析する必要があり、そのための分析軸を一般的に「領域」と呼び、それを対象とする研究分野を「領域科学」と称しています。

本稿では家庭生活事象を把握するために、『生活主体』（家庭生活を営んでいる「家族・ひと」）、『生活対象』（生命と健康を維持するために必要な「食物」・「被服」・「住居」・「財」・「制度」など）、更にこの主体と対象との好ましい『対応関係』（生活の営みである「経営管理」・「家庭経済」）の三つを基本的な分析視点にしています（表1）。ただ、家庭生活の構成員ではあるが、実際には主体的生活能力を持たず、逆に発達上の支援課題を必要としている子どもは『主体』としての「家族・ひと」とは別枠にし、「児童」領域として扱っています。また最近では「高齢者・障害者」を個別の領域として独立させたり、『対象』に「生活福祉」の領域や「生活情報」の領域を設定する考え方などもみられます。加えて研究や教育の視点からは、「家政教育」や「家庭科教育」などの学びの領域も存在します。家政学の領域の立て方とそれに基づく領域科学の構成は、考察目的や時代や社会の変化に応じてこれからも

表1　家政学の領域構成・領域科学の考え方

領域設定の視点		具体的な「領域」（学） （ ）内は新たに登場している領域例	本書で関連している章
生活の内容の視点	主体 生活を営む家族や人	「家族関係」学・「児童」学・ （高齢者・障害者・一人暮らし）	1 2 5 8
	対象 生活に必要なもの・財・制度	「被服」学・「食物」学・「住居」学 （生活福祉・生活情報）	3 6 7 9 10
	対応 生活を営む目的や方法	「家庭経営（管理）」学・ （消費生活・コミュニティ）	4 11
研究・教育の視点		家政学原論・家政教育学・ 家庭科教育学・（生涯教育、市民教育）	序 12

多様化していくと思われます。

　ちなみに，本書の「コラム①」（18頁）では家政学を紐解く手立にと，生活の中身と科学の捉え方を，「人間生活の構造図」として整理しています。私たち人間生活の中身を家政学は科学としてどのように捉えようとしているのかを，あなた自身の生活に照らして考えていただければと思います。

生涯教育としての家政学

　私たちが豊かな家庭生活を目指す目的や，生活改善推進の結果としての社会進化の捉え方，家政学はそのことに密接に関わる科学です。

　先述の国際家政学会（IFHE）の「21世紀の家政学」においては，家政学の実践対象として四つの領域が提起されています[8]。その一つに，「教育・カリキュラム」の領域が提起されています。我が国では小中高の学校教育課程で「家庭科」が男女とも必修教科として設置され，家庭科学習を通して，現代社会における生活主体として必要な知見を育むことを目指しています。いわば生活者としての素地を築く Start Up 的な教育的役割を家庭科教育が担っています。ただ，現代社会は生活環境の変化が急激であることや，人生100年時代を考えると，学校教育期を巣立ちし自立した生活者になった後にも，生活者としての新たな課題や機能に対峙することが当然想定されます。

　人生の節々に於いて，生活者としての新たな課題に的確に対応し，また自立した生活者の視点から社会活動に参画するための知見を育む Up-date 的な教育の機会を新たに提供することも，これからの家政学の不可欠な課題のように思えます。

　即ち，家政学や家庭科の学びは，単に学校教育期だけの学びだけではなく，私たちの生涯教育としての「皆教育」化が求められている学びだとも言えます。IFHE が示している家政学の四つの実践領域は，相互に密接に連携して展開される必要があります。その意味では，私たち生活者一人ひとりが日々営む生活実践も，家政学の実践的検証の一翼を担っていることにもなります。家政学は人の生涯にわたって，最も関わりの深い学びであり科学だとも言えます。

◆ 命をはぐくむ・人とつながる・暮らしをつくる

　最後に，現代の家政学に求められる他の学問に対する規範的役割について，再度整理しておきます。私たち人間にとって，今後も安心して豊かに次の世代を育みながら生き続けてゆくことは，人間存在の何よりも大切な使命です。私たちは前の世代がそうしてくれたように，次の世代を形成し，人々と力を合わせ，今よりも豊かで進んだ生活環境を実現させ，それを持続させてゆかなければなりません。そのためには，社会活動面では今以上に科学・技術を発展させ，生産力を高め，社会制度を整えてゆく必要があります。今なお世界には，食糧不足で何億という人々が飢餓線上を彷徨っています。食料増産を促進するための生命科学等の促進は喫緊の課題と言えます。極度の貧困下で生活する人たちは世界で7～8億人とも言われています。もっと公平で安心できる家庭生活を保障する経済システムの構築も急がれています。難病を克服するための医学や遺伝子工学の発展は一刻の猶予もありません。

　私たちの生活にとって，本当の便利さや豊かさの判断基準（指標）とは，全ての人たちが「命をはぐくむ，人とつながる，暮らしをつくる」ための課題を，どれだけ実現できているのかだと言えます。科学や技術や社会の制度は，あくまでそのための「手段体系」に過ぎません。従って，これからの新しい時代に求められる指針は，家庭生活に立脚基盤を置く家政学こそが，本来的な提言を担えるのではないでしょうか？ そして担うべきなのではないでしょうか？

　社会の発展に合理的な歯止めをかけられるのは，人間の家庭生活の安定的な存続を直接研究課題にしている家政学だけです。その意味で家政学は，他の諸科学に対し規範的役割を担う科学としても機能することが求められるのです。繰り返しになりますが，家政学はこれまでの「生活の科学化」という使命に加え，今では「科学の生活化」という新たな使命をも担う科学へと，その役割を質的に転換しつつある科学だと言えます。

　本書の以下につづく各章とコラムでは，現代の家庭生活に生じている様々な新たな挑戦や学びの視点が紹介されています。それらの事例から，家庭生活を巡る新たな挑戦や学びの視点が，これからの家庭生活に何を問いかけよ

うとしているのか，その本質的な潮流をしっかりと把握することも，家政学の現代的研究課題だと言えるでしょう。

参考・引用文献

1) 本稿における「科学」の用語は，三分法における人文科学・社会科学・自然科学（応用科学を含む）の全体を包括する広範な概念として使っている。
2) United Nations General Assembly「Transforming our world：the 2030 Agenda」2015，p.1
3) 日本学術会議「科学技術の発展と新たな平和問題」声明，1999，p.2
4) IFHE「Position Statements "Home Economics in the 21st Century"」2008，p.2
この中で 21 世紀の未来に向けての 10 年の方向性として Future Proofing（起こりうるネガティブな結果を最小限に抑え，チャンスを確実に捉えてゆくこと）の視点が提起されている。
5) Donna Pendergast「Daring to lead：Global perceptions of the IFHE Position Statements "Home Economics in the 21st Century",Conclusion」2009，p.20
6) 岸本幸臣著「生活科学の概念」（「生活の科学」中根芳一編著）コロナ社，2003，pp.2-23
7) 日本家政学会編「家政学の将来構想 1984」"家政学の名称，定義，目的，対象，方法について"，光生館，1984，p.32，pp.36-42
8) IFHE Position Statements (2008) では，家政学の四つの実践領域が示されている。
①「学問的領域」，②「日常生活領域」，③「カリキュラム領域」，④「社会的領域」。

さらに学びたい人へ

ローマクラブ著・大来佐武郎訳「成長の限界」ダイヤモンド社，1972
環境問題に関わる国際団体が 20 世紀の中頃に問いかけた人類社会の発展への警告書。
次代を生きる私たちに，「進歩に盲目的に反対するのではなく，盲目的な進歩に反対する」ことの責務を教えてくれます（p.137）。

H．モーゲンソー著・神谷不二監訳「人間にとって科学とは何か」講談社現代新書，1975
人間は何処まで自然を変えられるのか，何処までしか変えてはいけないのか。
また人間は何処まで変わりうるのか。科学進歩の方向性の考察に興味深く誘い込んでくれます。

J．ブロックマン著・日暮雅通訳「ディープ・シンキング」青土社，2020
ノーベル受賞学者を含む多様な科学領域の専門家達による科学技術のもたらす功罪についての論集。機械が人間化するより，人間が機械化することの危険性への言及が示唆的です。

COLUMN 1

家政学という学問を"旅する"あなたへ
－人間生活の見方－

奥井一幾

旅行をする時に欠かせないツールとしてまず思い浮かぶものは何ですか？おそらく「地図(アプリも含む)」ではないでしょうか。

家政学という学問を"旅する"時に**地図のように使えるもの**を作れないだろうかということを考え，当編集委員会から1つの図を提案します。題して『人間生活の構造図(家政学の視点から)』[*1]です。なぜ，「人間生活」というタイトルなのかというと，家政学は**人間生活を直接研究対象とする学問**だからです。生活の仕組みはとても複雑ですが，あえて大胆に簡略化を試みてみました。

①「家庭生活」は「地域」「社会」「自然」という広がりの中で営まれています。
②「生活する人(主体)」が目標実現のために生命維持に必要なモノ・コト(対象)」と関わりをもつということが基本的な考え方です。

「家族」のあり方は多様化・個別化しているため「個人も含む」という表現を付けてみました。

③「対応(マネジメント)」は「主体」と「対象」をつなぐ役割を担います。どんな対応になるかは主体によって実に多様です。家政学的には「健康，持続可能，安全・安心」な生活の実現といった課題がここでの大切な目標になります。

④「マネジメント」とは，具体的な生活場面で例を挙げると『明日は何時に起きようか』や『出先からどのルートで家まで帰ろうか』や『友人のために…なプレゼントを用意しよう』の『…』を決めたりすることです。「主体」によって「マネジメント」の中身が変わるということは重要です。

⑤右下の「相互作用」と書かれた矢印は，この図にあるすべての事柄が生態学的に関わり合っている様子を表現しています。

＜発展的キーワード＞ 生態学的システム，生活主体，相互作用

【引用・参考文献】
[*1] 関西家政学原論研究会『関西家政学原論研究会50周年記念誌』城南印刷，2020年，19頁

胎児の命は誰のものか

第 1 章

　日本では,結婚する年齢が年々上昇し,それにつれ,初産の平均年齢も上がっています。出産する年齢が上がれば,妊娠する確率の低下を招いたり,胎児が障がいや病気を抱えたり,出産時のリスクを高めたりするとも言われています。

　この章では,子どもを「授かるか」や「産むか」の選択だけでなく,妊娠した後に胎児が病気や障がいを持っていないかどうかを診断する「出生前診断」について考えていきます。

　「出生前診断」を受けた結果,お腹の子(胎児)に障がいの可能性があることを知り,堕胎(中絶)を意識するカップルもいます。胎児の命は,いったい誰のものなのでしょうか?授かった命はなぜ大切なのかを考えてみましょう。

吉井 美奈子

妊娠・出産を考える

　近年の医療技術の進歩は目覚ましく，これまでであれば妊娠，出産が難しかったカップルであっても，子どもを授かることが可能になってきました。一方，高齢出産が増えたことで，障がいや病気を抱えて生まれてくる子どもたちが増えたというデータもあります[1]。

　学校教育では，避妊することを教えても，妊娠や出産についてポジティブに捉えて教育していくような機会が少ないかもしれません。家政学や家庭科は，「新しい家族を形成する」という意味での妊娠，出産を考える大切な機会を提供してくれます。

　新しい家族を形成する「妊娠」や「出産」には，残念ながら色々な制約があり，いつでも誰でも妊娠・出産ができるわけではありません。男女の生殖機能が正常であることはもちろん必要な条件ですが，カップルの年齢が上がれば，それだけ妊娠する確率が低下していきます。しかし，カップルの年齢の上昇と妊娠率の低下について，しっかりと教育を受ける機会は，現在はほとんどないでしょう。また，マスメディアで芸能人が高齢であっても出産したニュースなどを聞くと，多くの人は40歳でも50歳でもスムーズに妊娠し出産できると感じてしまうかもしれません。

　そして，子どもを授かることについて，卵子や精子を凍結させて妊娠時期を選択したり，代理母に依頼して出産をしてもらったりするケースもあります。さらに，受精卵の段階や胎児の状態の間に，障がいがあるか，病気があるか等の診断をする「出生前診断」をして，出産しないという選択をするカップルもいます。その出生前診断も簡単に受けられるものもできたことで，安易に診断を受けるケースも増えてきました。

　「出生前診断」は，皆さんが普段受けるような健康診断と同じで，検査を受けることや，その結果自体に価値規範があるわけではありません。その結果をどのように捉えるかが，重要です。みなさんは，「出生前診断」を受けますか？受けるようにパートナーに勧めますか？そして，その結果をどのように考えますか？

出生前診断が行われるわけ

「出生前診断」では，例えば胎児の性別や持っている可能性のある病気などが診断できます。抵抗の少ないものから言えば，性別を知ることも出生前診断の一つです。

現在の日本では，「自分の子どもの性別を知りたい」というカップルもいるかもしれません。しかし，かつて「男児選好（男の子が生まれることを喜ぶ）」傾向があった時代もありました。「男児選好」であるカップルが出生前診断を受け，もし「女児の可能性が高い」と診断されたなら，女児なら要らないと考えないでしょうか？

また，性別を知るために超音波検査（表1）を受けたことで，胎児の異常を見つけることもあります。胎児の病気や障がいの有無を知りたいということで，自ら出生前診断を受ける人もいます。自分の子どものことは，どんな些細なことでも知りたい，という親心は十分に理解できます。しかし，安易に検査を受けることが，精神を不安定にさせることもあるということも知っておいてください。

出生前診断とは

次に，「出生前診断」とは何か，その現状を知り，医療技術の進歩と命の選別について，家政学のあり方，家族のあり方などを考えてみましょう。

出生前診断は，胎児診断とも呼ばれています。出産より前に，胎児の状態（胎児の健康状態つまり生死や発育，先天異常の有無などを含む）を診断するものです。出生前診断の主な目的は，胎児期に治療を行ったり，分娩方法を決めたり出生後のケアの準備を行ったり，妊娠を継続するかどうかに関する情報をカップルに提供したりすることです。出生前診断に用いられる検査例を表1にまとめました。超音波検査や血液検査では，補助金を出す行政も増えており，手軽に受けられる検査として多くの妊婦が受けています。しかしカウンセリングなどが十分だとは言えません。

表1　出生前診断に用いられる検査例

検査方法	内容
NIPT 新型出生前診断	妊娠10〜16週に診断可能。血液を採取し、染色体13、18、21（ダウン症候群）番の異常があるかを調べる。
母体血清 マーカー試験	母体の血液検査。染色体異常（ダウン症など）や神経管閉鎖不全症の可能性を調べる。
超音波断層法 （超音波検査）	超音波診断装置（エコー）で、画像を見る。手足の障がい、中枢神経系障がい（無脳症など）、消化器官・心臓・腎臓・尿管などの内部障がいを調べる。
絨毛検査	膣から鉗子や細いカテーテルを入れて、胎盤絨毛の一部を採取。染色体異常、遺伝子異常を調べる。検査によって流産することもある。
羊水検査	超音波画像を見ながら、腹部に注射針を刺して羊水を採取し、これを培養して分析。染色体異常、遺伝子異常を調べる。一部の先天性代謝異常、胎児の肺機能の成熟度を調べる場合もある。検査によって流産することもある。
胎児採血	超音波画像を見ながら、胎児のへその緒などから採血。染色体異常、遺伝子異常、血液疾患、血液型不適合妊娠、胎児感染などを調べる。検査によって流産することもある。
着床前診断	体外受精を行い、受精卵を調べることで障がいの有無を診断する。遺伝子診断で、正常だと分かった受精卵だけ体内に戻す。

※佐藤孝道『出生前診断』有斐閣,1999,優性思想を問うネットワーク編『知っていますか？出生前診断一問一答』解放出版社,2003,2016年9月28日朝日新聞「広がる出生前診断」より筆者作成

　妊婦は、医療技術の進展によって、お腹にいる段階で胎児の状態を知ることができるようになり、安心して出産に臨めるようになりました。しかし、自分たちが想定していなかった結果が見つかるケースも当然あります。

　出生前診断であっても、例えば超音波検査などの場合、ほぼ全員の妊婦が受けています。また、採血だけで受診できるNIPT（新型出生前診断）も、出産数が減り続けている一方で、受診者数は増加傾向にあります。そして、流産や感染症のリスクのある羊水検査でさえも、NIPTで「陽性の可能性がある」と知った妊婦の8割以上が検査を受けています[2]。

　あまり知られていませんが、精子と違い、卵子は生まれる時に作られ、身体が成長したからと言って増えたり、新しく作られたりするものではありません。そして、外見の若さとも関係がありませんので、いくら「若そうに見える」女性であっても、卵子は加齢とともに老化していることも十分考えら

れます。卵子の老化は不妊の原因や,胎児の障がいや病気の要因にもなります[3]。近年,晩婚化が進み,必然的に出産の年齢も高くなっています。そのことから,生まれてくる胎児の状態を知りたいと考えて,出生前診断を受けるカップルが増えていることが予測できます。

胎児の命の選別

　出生前診断を受けると,「障がいや病気を抱えて生まれる可能性の割合(確率)」が伝えられます。そのことで,妊婦やそのパートナーは,悩み,次のような選択を考えます。

　その選択とは,「たとえ障がいや病気の可能性があったとしても,そのまま産み育てる」か「妊娠を中断するか」です。現在の法律では,後者の選択はできません。現行の母体保護法では「障がいのある可能性」を理由に堕胎(人工妊娠中絶)することはできないのです。ちなみに,意図していないタイミングで妊娠が分かった時,堕胎するカップルがいますが,それも正確には法律上許されていません。法律上,人工妊娠中絶が許されているのは,

①妊娠の継続又は分娩が,身体的又は経済的理由により母体の健康を著しく害するおそれのあるもの
②暴行若しくは脅迫によって,又は抵抗若しくは拒絶することができない間に姦淫されて妊娠したもの

の2つだけです[4]。しかし,実際には,経済的な理由,母体保護の理由などを挙げて堕胎を行うケースや,出生前診断で「胎児に異常がある」と診断された9割が堕胎を選択したというデータもあります。

　胎児に関する情報は,たくさんあれば良いというのではなく,様々な情報の中から自ら選択しなければなりません。多くの情報があり過ぎることで,逆に不安になったり,落ち着かない生活になったりする場合もあるでしょう。特に,お腹の子については,非常に短い期間に様々なことを考える必要

があります。検査結果を聞いたあと，冷静に考えられる人がどれだけいるでしょうか。

❤ 親の決定権

　一般的な健康に関わる検査の場合，検査結果を受けて，異常が発見されれば治療という流れになるでしょう。しかし，出生前診断の場合，胎児治療が可能な場合は少なく，治療が不可能な場合はその後の生活を考えて不安に思い堕胎を考える人もいます。

　胎児の異常を理由とする堕胎を「選択的中絶」と呼びます。日本においては，先に述べたとおり，選択的中絶は認められていませんが，海外では認められている国もあります。一部の国では，「選択的中絶」が親の決定権として捉えられていますが，「選択的中絶」は，生命をその質によって選別するものであることは明らかです[5]。

　日本では，1960年代に出生前診断が推奨されるような運動がおこり，その先には選択的中絶があることを意味していました。1970年代初めから，障がい者団体を中心とする激しい批判が起こり，新生児健診，出生前診断を推奨する運動は減りました。しかし実際には，現在も新生児健診（生後一週間位で受ける遺伝病の集団検査）が，保護者の希望が前提ではありますが，ほぼ全員に行われています。

　また，障がいをもって生まれた子どもは可哀想だ，という意見も出ることがありますが，本当は障がいがあっても，なくても，「生まれてきて良かった」と思える社会になることが必要ではないでしょうか。

❤ 「出生前診断」を受けるか，受けないか

　出生前診断を受けるかどうかは，そのカップルが選択します。受ける（パートナーに受けさせる），受けない（パートナーに受けさせない）ことには，

出生前診断を受ける （パートナーに受けさせる）	出生前診断を受けない （パートナーに受けさせない）
◎ 精神的な覚悟ができる（心構えができる）。 ◎ もし、胎児に異常があるかもしれないことが分かった場合、その病気や障がいについて、前もって情報収集ができる。 ◎ 胎児治療が可能であれば、受けさせられる。 ◎ 診断を受けることによって、出産直後に亡くなるかも知れなかった子どもの命を救うこともできるかもしれない。 ◎ 出産後すぐに治療ができるように、専門の病院を選んでおくことができる。 ◎ 子ども（胎児）の様子を知ることができる。 　　　　　　　　　　　　　　　　　　　など	◎ もし胎児に異常があると言われたら不安になる。 ◎ 出生前診断を受けた結果、堕胎する人もいるだろう。 ◎ 出生前診断の検査によって、流産をする危険性がある。 ◎ 助けられるはずの命を、検査を受けたことによって堕胎するなら、命を亡くすための検査になっている。 ◎ 障がい者差別につながる。 　　　　　　　　　　　　　　　　　　　など

どのような理由があるのでしょうか。色々な意見がありますが、授業で出た意見や、実際のインタビュー調査などから得られた意見の一部をまとめてみました。

皆さんは、どちらの意見に賛成でしょうか？

生殖技術がもたらしたもの

　生殖技術が発展したことにより、子どもが授からなかった多くのカップルも、子どもをもつことができるようになりました。妊娠しやすい若い卵子を凍結し、将来子どもが欲しいと思ったときに妊娠できるようにと考える若い女性もいます。重度の遺伝病に悩むカップルにとっては、出生前に診断ができる出生前診断は重要だと思うかもしれません。

　しかし一方で出生前診断は、障がいや病気をもって生まれた子どもや、中途障がい者に対する差別を助長し、生まれるはずであった子どもの命を選別することにもつながっています。日本産科婦人科学会の資料によれば、出生前診断で胎児の異常が分かったことで妊娠を中断した（堕胎）割合は9割を超えていました[6]。不妊治療を続けることで、精神的に疲れたり、経済的負担が大きくなったりして、不妊治療のやめどきが決められないカップルもい

ます。

「技術的にできるからする」のではなく、本当に今、自分に必要な検査なのかを考えながら、その結果を想定した上で生殖技術の恩恵を受けるべきでしょう。

◆ 命をはぐくむ・人とつながる・暮らしをつくる

　生殖技術の発展によって、様々な選択ができるようになってきたかのように見えます。しかし、その恩恵を受けるためには、女性が身体的にも精神的にも大きな負担を受けることが多くあります。生殖技術が発展したからこそ、余分な選択肢ができてしまったと考える人もいるかもしれません。

　更に、経済的に余裕のある家庭には子どもが望め、そうでなければ十分な不妊治療が受けられないというような経済的格差の広がりも見られます。補助金が出ることもありますが、十分とは言えません。

　出生前診断によって、障がいを持つ子どもを減らせると考える人もいるかもしれません。しかし、生まれて大人になった後に障がいを持ったり、病気になったりする人も大勢います。

　胎児の命は誰のものなのでしょうか？そして、選別されるべき命はあるのでしょうか？じっくりと考えたうえで、出生前診断をはじめ、様々な生殖技術の本来の意味を考え、その恩恵を受けてほしいと願います。

　医療（生殖）技術の進歩と共に、子どもを授かるということについての捉え方、親になることの責任、家族とは何か、ライフコースなどを考える必要が出てきました。そこには、規範科学としての家政学の視点が重要となります。家族の問題や子どもの問題は、医療技術が進展したから自由に決められるのではなく、胎児の命や家族について考える必要があります。技術の進展だけに委ねるのではなく、時には立ち止まって考えることは、家政学でしかできません。

図1　産後すぐ。へその緒を切ったばかり。

家政学では，今ある命の存在を大切にすること，生命や生活を振り返りながら，命を扱うことについての研究をしています。

　是非一度，家政学や家庭科を学んでみませんか。

参考・引用文献・注

1) 芹沢麻里子・宇津正二・前田一雄「高齢初産婦に置ける産科的問題点」ペリネイタルケア，1996，第15巻1号，メディカ出版
2) 出生前検査認証制度等運営委員会
https://jams-prenatal.jp/（2024.5.5 閲覧）
3) 岡田節男・I.Yuni・鈴森薫・八神喜昭「高齢出産における卵子異常」ペリネイタルケア，1996，第15巻1号，メディカ出版
4) 「母体保護法」令和5年4月施行
5) 香川知晶著「命は誰のものか」ディスカバー携書，2009
6) 日本産科婦人科学会倫理委員会周産期委員会「NIPT 受検者のアンケート調査の結果について」R 3.1.15，第4回 NIPT 等の出生前検査に関する専門委員会参考資料より，陽性者数（偽陽性除く）から胎児死亡数，研究脱落者数を除き，妊娠を中断した割合（95.0%）
7) 厚生労働科学センター研究成果データベース「出生前検査に関する妊産婦等の意識調査や支援体制構築のための研究」
https://mhlw-grants.niph.go.jp/project/146314（2024.5.8 閲覧）
8) 厚生科学審議会科学技術部会 NIPT 等の出生前検査に関する専門委員会「NIPT 等の出生前検査に関する専門委員会報告書」2021.5

さらに学びたい人へ

柘植あづみ・菅野摂子・石黒眞里著・洛北出版『妊娠‐あなたの妊娠と出生前検査の経験をおしえてください』2009
370人の妊娠の経験が書かれています。出生前検査を受けた経験，受けなかった経験などを含めて，様々な考え方や気持ちがつづられています。

香川知晶著『命はだれのものか』ディスカバー携書，2009
生命倫理などで取りあげられる話題を出して，問いかけています。人間の誕生，生命の始まりについて，障がいや検査技術，不妊治療，脳死，安楽死の問題などについて書かれており，命について考えられる一冊です。

出生前検査認証制度等運営委員会 HP
https://jams-prenatal.jp/（2024.5.5 閲覧）
日本医学会が NIPT の認証制度の運用等を行う「出生前検査認証制度等運営委員会」を設置しました。その情報等が掲載されている HP です。

COLUMN 2

ホーム・エコノミクスで世界を変えよう！　　福田 豊子

　現代は不透明な時代です。誰もが先行きの不安を感じています。このような時にこそ，アメリカの家政学会を創設した人々の問いかけを，共有してみませんか。「生活を変え，社会を変えるために，自分には何ができるだろう？」[*1]

　ここには，**生活のスキル**を磨き，生活者の視点を身につけることが提案されています。希望を忘れず挑戦し続けるには，生活を楽しむ必要がありそうです。楽しみながら，家政学で世界を変えることができるでしょうか？

　それには，ホーム・エコノミクスという名称が，ヒントになります。ホーム・エコノミクスを直訳すると家庭の経済ですが，家庭の経済（生活の経済）は家庭だけでなく社会全体の経済を「生活・生命の視点で再統合する概念」[*2]です。生活・生命・生態系を重視するエコロジカルな家庭生活の経済は，家庭が人間という種の再生産の場であることを明らかにしました。また家事・育児等アンペイド・ワークの価値を示し，近代経済学の生産概念も相対化したのです。

　第5章で紹介されている児童文学者ミヒャエル・エンデは，マイナスの利子という概念を提示し「貴重な自然環境や資源を食いつぶし自己増殖によって無限に成長する現代の経済システム」[*3]を痛烈に批判しました。マネーの暴走を許す近代経済学に対し，家政学は別の選択肢としての**新たな経済学**を模索することができるかもしれません。私たちもエコロジカルな視点で，既存の経済・社会システムの矛盾に気づき，行動を起こしていきませんか。

　家政学は，大学生がもっておくべき知識・技能「**リベラル・アーツ（一般教養）**」としての機能を担う大切な学問です。家政学の学び，それは日々を暮らすための生活のスキルを磨き，これからの時代を生き抜くための智恵を探ることでもあるのです。たとえば，豆苗を育てる，ゆで卵を作る，新しいレシピに挑戦してみる等，身近な食生活を楽しむことから始めてみましょう。一人ひとりの家政学の学びが，世界を変えていきますように！

＜発展的キーワード＞　スローライフ，等身大の生活，ライフスキル

【引用・参考文献】
*1 ダニエル・ドライリンガー，上村協子他監訳
　　『家庭の中から世界を変えた女性たち』東京堂出版，2022年，440頁
*2 御船美智子『家庭生活の経済－生活者の視点から経済を考える－』
　　放送大学教育振興会，1996年，236頁
*3 河邑厚徳他『エンデの遺言』講談社，2011年，84頁

大切な人を失う

第 2 章

大切な人を失うこと，それは誰にでも訪れる喪失経験です。しかし，私たちはその経験がどんなものか，どのように受け止めればよいのか，その時が来るまでよく知らず，よく考えないまま人生を過ごしてしまいがちではありませんか。

本章では，'失う'ことについて身近な経験を思い起しながら，実際に母親を亡くした人たちの事例，家族を亡くした人に対しての海外と日本のケアの現状をみていきます。そして，研究の中では大切な人を失うことがどのように捉えられているのかを踏まえながら，もしあなたが大切な人を失ったとき，また，まわりの誰かが大切な人を失ったとき，どう受け止めればよいのか，何ができるのかを共に考えてみましょう。今，そのことを考えてみることが，これからの人生において視野を広めてくれるはずです。

荒谷 直美

◆「失う」ということ

　これまでに何かを「失う」という経験をしたことがありますか？少し自分の人生を振り返ってみて下さい。

　失恋や，卒業などに伴う別れ，転居などによる環境の喪失，ペットとの死別，病気による健康の喪失，また自分の掲げた目標やアイデンティティの喪失など，おそらく誰しもが日々の中で「失う」という経験をしたことがあるのではないでしょうか。

　また，その経験の中でどのような感情や反応が生まれてきたでしょうか？悲しく寂しい気持ち，後悔，怒り，安心，無感動など様々な心理的影響，不眠や食欲不振，倦怠感などの身体的影響，不登校や会社に行けない，あるいは過活動といった社会的影響がでることもあります。その他，記憶力や注意力が低下したり，自分は生きている意味などあるのだろうかとその意味を喪失することも起こるかもしれません（表1）。

表1　失うことによる5種類の影響

①心理的影響	悲しみ　怒り　安堵　後悔　自責　無感動　無感覚　絶望感　希死念慮　思慕
②身体的影響	睡眠　食欲への影響　胃痛　腰痛　頭痛　吐き気　めまい　疲労　倦怠感
③社会的影響	不登校　会社に行けない　人間関係の悪化　過活動　不信感　孤独感　孤立
④認知的影響	記憶力や注意力の低下　非現実感　失ったことの否認　幻覚　幻聴
⑤スピリチュアル的影響	生きている意味の喪失や模索　神や仏など信仰への疑問や不信　「なぜ」という問い

［グリーフケア基礎講座　2023一般社団法人リヴオン］

　このように，人やもの（所有物，環境，身体，役割，目標，機会，自尊心，安全など）を失うことにより生じるその人なりの自然な反応，状態，プロセ

スをここでは「グリーフ」[1]と呼ぶことにします。「グリーフ」(grief)はよく「悲嘆」と訳されますが，死別だけによるものとは限らず，それによって生じる感情も悲しみだけではなく，様々な感情や反応そのすべてを含みます。グリーフは生きていれば誰もが経験することですが，その一方で，放っておけば消えるものでもなく，周囲の適切なサポートが必要な場合もあります。

　震災や事故，災害などによって突然，大切な存在を失うことも今や他人事ではありません。誰もが経験し得る「グリーフ」だからこそ，今，私たち一人ひとりが，「グリーフ」について立ち止まって考えておく必要があります。

　本章では，大切な存在として，身近な人を失うことについて考えていきます。

♥ '亡き母の日の活動'

　ここで，大切な人，中でも母親を亡くした人の事例を紹介します。

　「母の日」の起源をご存じですか。「母の日」はもともと生きている母親に対するものではなく，母親を亡くしたアメリカの女性が，母が好きだったカーネーションを教会で配り，祈りを捧げたことにはじまりました。

　ここで紹介する'亡き母の日の活動'はそうした母の日の起源に立ち返り，母を亡くした人が寂しく複雑な想いで母の日を過ごすのではなく，亡くなった母親に想いを届けようとしたことからはじまったものです。主な活動として，全国の母親を亡くした人を対象に，亡くなった母親へ伝えられなかった想いを言葉にして，毎年「母の日」に合わせて，文集化して刊行し2008年から2018年までに，全国から280名の方の想いが寄せられました[2]。年齢層は11歳から96歳と幅広く，母親を亡くした状況も事故，病気，自殺など様々です。

　亡くなった人には直接伝えることができなくても，伝えたかった想いや感情を言葉として表現することはできま

図1　「母の日」の文集

す。そして、その言葉を同じ立場である人と共有することで、痛みや悲しみが和らぎ、新しい一歩を踏み出すきっかけが得られることを、文集に寄稿した多くの人が語っています。亡くした人に手紙を書くということは、グリーフワークの中でとても効果的と言われています。グリーフワークとは、喪失した対象に対して、感じていることや想いを表現することですが、絵を描く、音楽を演奏する、思い出の場所に行くなど様々なものがあります。どのようなものでも、失って'終わり'ではなく、失った後もその対象との関係を紡ぎ、表現することを通じて、自分のグリーフを抱えやすくなったり、なくした対象との関係を再構築したりすることができるのです。

◆「グリーフ」のとらえ方

　グリーフについて、大切にしたいことがいくつかあります。
　先にグリーフには様々な感情や反応があることを述べましたが、これらのすべてが'自然なもの'（Grief is Normal）であることです。たとえどのような感情や反応であろうとも決しておかしなことではないということです。
　また、グリーフは'一人ひとり違う'ということです。たとえ同じ親を亡くした兄弟であっても、感じ方や表出の仕方は異なり、亡くなった人との人間関係の質や、亡くなり方によっても違うのは当然のことなのです。百人いたら百通りのグリーフの反応がある[3]わけですので、自分の感情を評価したり、こうあるべきと判断したり、他人と比べるのではなく、自分のペースで向き合っていくことがとても大切なのです。そして、これらのことをあらかじめ認識しておくことは、自分のグリーフだけでなく、他者のグリーフをも大切にすることにつながるのではないでしょうか。
　ここで、オランダの心理学者マーガレット・S・シュトレーベらによって提唱された「喪失と回復の二重過程モデル」の理論をご紹介します（図2）。'喪失志向'とは、亡くなった人のことを思い出したり、失ったことについて考えること、'回復志向'とは新しい役割や生活に対して自分を適応させたり、仕事や勉強に励んだり、楽しいことをして悲しみから距離をとることが含ま

れます。日常生活の中で喪失志向と回復志向という二つの状態があり、大切な人を失うことにより、その二つの間を行き来し、揺らぎながら過ごすものと考えます[4]。一般的に、喪失志向から回復志向の状態へ直線的に向かうことが理想とされがちですが、二つの間の揺らぎを認め、喪失志向と回復志向のどちらの状態も大事にすること、このことを知っておくだけでもグリーフを安心して過ごす一つの助けになるのではと思います。

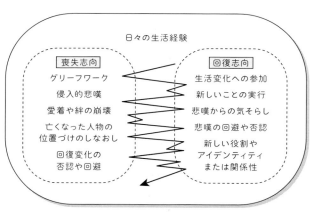

図2　喪失と回復の二重過程モデル

また、アメリカの宗教心理学者デニス・クラスは、亡き人とのつながりを継続することは自然なことだとする「継続する絆」理論[5]を生み出しました。グリーフにおける研究では、20世紀に、喪失後、段階的に'受容'に向かい、なくしたものとの関係を断ち切り、乗り越えることを目指した理論が多く生み出されましたが、今日では、亡き人との関係を断ち切り、存在を忘れようとするのではなく、むしろ、亡き人との絆や交わりを心のよりどころの一つとして、人生を歩み進めていくことが望ましいとされています。

海外でのグリーフサポート

アメリカには、家族を亡くした子どもたちの心のケアセンターとして、1982年に設立された世界で最も歴史と実践を誇る施設「ダギー・センター」

があります。ここでは、3歳から10代の子どもが、父親、母親、兄弟といった喪失対象別に、また親の亡くなり方や年齢によってグループに分け、喪失体験の辛さを語り、同じ体験をもつ者同士が共感しあえる場が提供されています。例えば、砂で遊べる「サンドルーム」、怒りをぶつけられる「火山の部屋」、絵の具をまき散らす「ペインティングの部屋」などその他にもグリーフを表出するための様々な部屋が工夫されています。

イギリスでは、英国全土で中核をなす子どもの死別支援団体[6]としてChildhood Bereavement Networkがあり、ここに加盟している支援団体は150以上もあります。特に注目すべきことは、郵便番号を入力するだけで、その地域での、子どもを支援するグリーフサポート団体の一覧が表示される'検索システム'を導入していることです。その他、教育分野で働く専門家向けや医療従事者向けの情報など幅広いリソースの提供も充実しており、子どもの悲嘆啓発運動にも力を入れています。

◆ 日本でのグリーフサポート

日本では、親を失った子どものために、1967年「あしなが育英会」が発足し、1995年の阪神・淡路大震災の際に、日本ではじめて遺児の心のケアを受けられる場として、1999年神戸に「レインボーハウス」が設立されました。これは、先に述べたアメリカの「ダギー・センター」をモデルとしてつくられ、色々な部屋も工夫されています。また、2014年には東日本大震災で親を失った子どもたちの心のケアとして、仙台、石巻、陸前高田に「東北レインボーハウス」が設立されました。

ただ、子どもたちのグリーフサポートの場は、国内では30か所程度しかなく、500か所以上ある米国に比べ、日本の遅れが数字からもうかがえます。様々な思いや感情を抱える子どもに寄り添うには、子どもがやりたいことや遊び、また話したいことを自由にできる場が必要であり、生きづらさを感じる子どもたちへのサポート体制の拡充が望まれます。

また、自殺対策基本法が2006年にできて以降、自死遺族へのグリーフケ

アが広まり，分かち合いの会の数は 100 を超えます。医療現場では，2020年時点で，全国の 450 病棟以上のホスピス・緩和ケア病棟において，死別後の様々なグリーフサポートの取り組みが行われ[7]，徐々に広がりつつあります。

♥ あなたが大切な人を失ったら・・・

現実に大切な人を失ったとき，私たちは何をどう考えればよいのでしょうか。ここに「大切な人を亡くした人のための権利条約」[8]をご紹介します。

私たちは，大切な人を失ったとき，悲しい，苦しいなどの様々な感情の中で，どうすればよいか悩むこともあるでしょう。そのような時，この権利条約を心のどこかに留めておくことで，少しだけ生きやすくなるかもしれません。また，家族など血縁にかかわらず，心に寄り添ってくれる人の存在，ともに歩いてくれる存在が必要になることもあります。ともに寄り添え合えるような人と人との関係性を，社会全体で紡ぎだしていくことも課題でしょう。

表2　大切な人を亡くした人のための権利条約

第1条	悲しんでもいい，落ち込んでもいい
第2条	自分を許してもいい
第3条	考えない，思い出さないときもいい
第4条	自分を大切に
第5条	助けてもらうこと
第6条	みんなちがって，それぞれにいい
第7条	自分の人生を歩んでいい

♥ あなたにもできるグリーフサポート

もし身近に大切な人を亡くした人がいたら，あなたならどうしますか？亡くした経験があってもなくても，できることはあるはずです。

悲しみに暮れている人の存在を忘れず，時々会ったり，電話で話す機会をつくり，一緒に過ごす時間をつくること，時には料理をつくる元気がなければ温かいものを差し入れしたりといった生活のサポートと共に，'あなたのことを常に気にかけている'という積極的関心をもって関わることが，相手

の支えになることもあります。

　また，相手の気持ちに寄り添って'大切に聴く'ことも重要になります。「聴」という漢字には「耳」「目」「心」が含まれていますが，その人の様子をしっかりと目で見て，その人の声をよく耳で聞いて，心を相手に寄せてみる。このことを意識してみると相手のことをより深く理解できるかもしれません。

　ただ，少し注意したいことは，大切な人を失った人に接するとき，相手の話に入り込み過ぎて，自分を犠牲にしてしまうといった共感疲労に陥ってしまうこともあります。自分のための時間をとる，相手との距離や境界をしっかり保つなど，自分を大切にするセルフケアも，近年重視されています[9]。

◆ 命をはぐくむ・人とつながる・暮らしをつくる

　2020年，新型コロナウイルス感染症のパンデミックの中で，私たちは，外にでる自由の喪失，経済的な喪失，家族や友人との物理的な接触の喪失，安全性の喪失，それから，面会もできず十分なお別れもできないままの大切な人との喪失など，これまでにない様々な喪失を経験することになりました。その中で，いま求められているのは，パンデミックによって失った人やものを単に不運として終結させてしまうのではなく，悲しみを持ちながらも，その中から新しい希望や意味を見出すことなのではないでしょうか。

　私たちは大切な人や身近な人を亡くした時，耐えられないほど辛く，つながりが途絶えたとさえ思うかもしれません。それでも，そこにたしかにある悲しみや苦しみを感じているままに受け止め，その感情を否定したりせずに丁寧に触れていくことで，なくしたものともう一度つながることができ[10]，そこに希望の光を見出せたとき，生きる力が育まれるのではないかと思います。

　また，日本では，2022年小中高校生の自殺数が過去最多[11]となりました。自殺については社会の偏見が根強く，自殺予防のための教育もなかなか進まないのが現状のようです。しかし，「死」の教育が，将来訪れるであろう「死」への準備を目的とするにとどまらず，現在と未来の生き方そのものを問い直し，現在の生をよりよく生きることを目指すならば，社会全体がその必要性

をもっと大切にしていかなければならないでしょう。

　さらに、教育、とりわけ家庭科教育において、生と死、いのちの尊さや重みについて考え、自分の生きづらさと向き合いながら、自分のグリーフ、さらに友達のグリーフをどう支えていくのかを、小中高生、若い世代が学び、人として生きる力を育む機会を設けていくことは、今後の課題と言えます。

　社会の豊かさは、決して物質的な物差しだけではかることができません。私たち一人ひとりが一生活者として豊かに生きていくためには、「生きる」事象だけでなく、「死」をも含めた「命の営み」という視点で生活を捉えていくことが大切です。そのことによって死別の苦しみがノーマライズされ、それらを自由に表現し、共有しやすい社会になればと願います。そして、それが次世代を受け継ぐ私たち人間の使命であるようにも思えます。

参考・引用文献

1) 尾角光美・五藤広海・野田芳樹編著「グリーフケア基礎講座」一般社団法人リヴオン、2023、p.20
2) 「101年目の母の日」〜「111年目の母の日」一般社団法人リヴオン、2008〜2018
3) 高橋聡美著「大切な人を亡くした人の気持ちがわかる本」法研、2022、p.18
4) 坂口幸弘著「増補版　悲嘆学入門―死別の悲しみを学ぶ」昭和堂、2022
5) Klass,D.,Silverman,P.R.,Nickman,S(Eds)「Continuing bonds:New understanding of grief」Washington,DC：Taylor&Francis、1996
6) http://childhoodbereavementnetwork.org.uk/（2024.4.20閲覧）
7) 石丸昌彦・山崎浩司編著「グリーフサポートと死生学」放送大学教育振興会、2024
8) 一般社団法人リヴオン著「大切な人をなくしたあなたへ」2011、pp.51-58
　　一般社団法人リヴオン著「コロナ下で死別を経験したあなたへ」2021、pp.38-40
9) 黒川雅代子・石井千賀子・中島聡美・瀬藤乃理子編著「あいまいな喪失と家族のレジリエンス―災害支援の新しいアプローチ」誠信書房、2019
10) 尾角光美著「なくしたものとつながる生き方」サンマーク出版、2014、p.9
11) 厚生労働省自殺対策推進室　警察庁生活安全局生活安全企画課「令和5年中における自殺の状況」（2024.4.24閲覧）

さらに学びたい人へ

坂口幸弘『大切な人を亡くしたあなたへ〜自分のためのグリーフケア〜』創元社，2023
大切な人を失ったとき、何が大切で必要なのか、さらに一歩を踏み出すためにできることが具体的にわかりやすく記されており、グリーフケアになる一冊です。

COLUMN 3

「高齢者のケア」について考える

橘　由佳

　高齢者のケアに関わることになった時，あなたはどのようなことが大切だと考えますか？将来受けたいケアを想像しながら考えてみましょう。ここでは，私の実体験に基づいた考えについて述べてみます。

　私は高齢者（入居者）を食事面からケアする管理栄養士として，サービス付き高齢者向け住宅で働いていました。入居者からの「ご飯おいしかったよ」，「ありがとう」という感謝の言葉や笑顔，完食は何よりも嬉しかったです。一方，体調不良や食嗜好の影響で食べ残される方や食事を拒む方に対し，**食事選択の意思を尊重しながら**管理栄養士としての対応を模索する日々でもありました。

　近年注目されている**ユマニチュード（Humanitude）**をご存じでしょうか。ユマニチュードとはフランス語で「人間らしさ」を意味し，認知症の人や高齢者に限らず，ケアを必要とするすべての人に向けて，ケアを通じて「あなたは大切な存在です」と伝えるコミュニケーションの哲学・技法です[*1]。フランスの体育学の専門家であるイヴ・ジネストとロゼット・マレスコッティによってつくり出されました。2人の著書では，ケアの場において，相手から受け取る反応が前向きなもの，好意や優しさを示すものであれば，それはケアを行うエネルギーとして私に蓄えられる[*2]と述べています。私はこの記述に大変共感しました。自身に置き換えたときに，エネルギーとなっていたのは感謝の言葉や笑顔，完食です。そしてユマニチュードの哲学から，食事を提供する立場と食べる立場の関係よりも，食を通して同じ時間と空間と行為を共有し，入居者に「私はあなたのことを大切に思っています」という気持ちを言葉や態度で示すことが，私にとっての「高齢者をケアする上で大切なこと」だと考えました。

　さまざまな住まいや暮らし方がある現代において，高齢者の生活を豊かにするケアとは何でしょうか？まずはあなたの身近な高齢者の生活に目を向けてみると，あなた自身があなたらしく生活できるような将来のヒントになるかもしれません。

＜発展的キーワード＞ 健康寿命の延伸，生活の質（Quality of Life：QOL）

【引用・参考文献】
*1 イヴ・ジネスト ロゼット・マレスコッティ著；本田美和子日本語監修『「ユマニチュード」という革命 なぜ，このケアで認知症高齢者と心が通うのか』誠文堂新光社，2016年，4-7頁
*2 前掲著*1，57頁

からだを
つくる，
命をつなぐ

第3章

"You are what you eat." という言葉があります。「あなたは，あなたが食べたものでできている」という意味です。私たちの体は，約37兆個もの細胞でできており，これらは常につくり変えられています。人間は植物とは異なり，生きる上で必要な物質を，自らつくり出すことができません。つまり，私たちは植物や動物を食べ，栄養素として体内に取り入れることで，命をつないでいるのです。

私たちは，毎日，何気なく食事をしていますが，食事は，健康状態や疾病と深く関わっています。また，食物は限りある資源であり，食に関する情報は，世の中にあふれています。

ここでは，私たちが生きる上での根幹となる「食べる」という営みについて，健康，持続可能，安全の視点から考えていきます。

星野 亜由美

現代人は過栄養？低栄養？

　人は生きる上で必要な物質を，十分につくり出すことができません。体をつくる細胞の材料も，細胞が必要とするエネルギーも，エネルギーを生み出すサポートをする補酵素も，食べることで得ています。これらのように，生きる上で欠かせない働きをする食物中の成分が栄養素です。特に炭水化物（糖質），脂質，たんぱく質，無機質，ビタミンを，五大栄養素といいます。

　栄養バランスの整った食事を続けることで（原因），健康的な体をつくり，維持することができます（結果）。逆に，栄養バランスの偏った食事を続けると，様々な疾病・病態が引き起こされます。例えば，過栄養の状態が続くと肥満に，低栄養の状態が続くと，やせや貧血になります。現代では特に複雑で，国，地域，家族等の同じ集団の中で，成長を妨げる低栄養と生活習慣病を引き起こす過栄養との双方がみられることや，肥満にも関わらず微量栄養素である鉄，ビタミンが不足している等，個人の中に過栄養と低栄養の問題が混在していること，さらには，若年期はやせ，中高年期は肥満，高齢期はフレイル[1]に直面する等生涯を通じて複数の栄養不良を抱えることも生じています。これらを「栄養不良の二重負荷」といい課題となっています[2]。

　生活習慣病を予防し，健康に過ごすためには，栄養素をバランスよく摂ることが重要です。また，肥満と早食いとの関連も報告されています[3]。つまり，「何を食べるのか」だけでなく「どのように食べるのか」も大切です。

栄養バランスをどう整える？

　摂取する食品の重量を一つひとつ正確にはかり，食品成分表[4]の値と照らし合わせエネルギーや栄養素量を算出すれば，栄養バランスを的確に把握できます。でも，それには労力と時間がかかります。一人ひとりが毎食計算し，算出結果をもとに評価・改善していくのは現実的ではありません。目に見えない栄養素を想像し，過不足を判断するのは，難しいことです。もし，あなたが大切な人に「栄養バランスの良い食事」を伝える場合，どのように

伝えますか？ 相手が「食品」に興味を持ち始めた子どもの場合，赤・黄・緑の三色食品群等，食品の組み合わせで伝える方法が考えられます。買い物をするときやご飯を食べるときに「これは何色の食品かな？」と話すと良いかもしれません。
他方，自分で調理をせず調理済み食品を多く食べている成人の場合はどうでしょうか？ このような場合，料理の組み合わせで「主食，主菜，副菜を組み合わせる」と伝える方法が考えられます。主食はご飯，パン，麺等穀物を主材料とする料理，主菜は肉，魚，卵，大豆製品を主材料とする料理，副菜は野菜，いも，海草，きのこ等を主材料とする料理のため，これらを揃えると，三色食品群も揃えることができます。このように，私たちは栄養素のバランスを食品や料理に置き換え1食分の組み合わせ（献立）で考えています。

◆ どのくらいの期間で考える？

　私たちは，毎日同じものを食べているわけではありません。栄養バランスにこだわり食事を用意することもあれば，簡便に済ませることもあります。運動をした後に濃厚なラーメンを食べることも，旅行先でご当地料理を食べ過ぎることもあります。1食，1日の間で厳密に栄養バランスを整えようとすると，生活を楽しむことが難しくなってしまうかもしれません。ラーメンを食べた翌日，翌々日は塩分を控える，旅行でたくさん食べた翌週は食事量を減らす等，長期的な視点で，自分にとっての最適を見つけたいものです。
　それでは，私たちの食べ方が結果として現れるまでには，どのくらいの期間がかかるのでしょうか？ 例えば，水溶性ビタミンであるビタミンCの場合は，欠乏状態が2～3か月続くと，壊血病が出現するといわれています[5]。一方，疾病として現れるまでには数十年間もかかる栄養素もあります。
　カルシウムの摂り方と骨粗鬆症との関係を例に考えてみましょう。カルシウムの必要量は12～14歳で最大となり，この時期は吸収率も高まります[6]。吸収されたカルシウムは，体内で骨の中に貯蔵されます。骨に貯蔵された無

機質（主にカルシウムとリン）の量を骨量といいます。骨量は20歳前後に最大となり，40歳代半ばまで維持され，その後，減少します。男性では70歳以降，女性では閉経前後に急激に減少し，これが，病的なレベルに達すると骨粗鬆症と診断されます[7]。つまり，予防には，疾病になる何十年も前からの食習慣・生活習慣が大切です。（予防にはカルシウムの摂取だけでなく，運動，適正体重の維持，ビタミンDやビタミンKの摂取等も重要です。）

なお，カルシウムの吸収率は，年齢，性別だけでなく，食品の種類によっても異なります。日本人女性を対象とした研究では，カルシウムの吸収率は，牛乳が40％，小魚が33％，野菜が19％でした[8]。さらに，ビタミンD，クエン酸，乳たんぱく等は，カルシウムの吸収を促します。そのため，一つの食品ばかり摂取するのではなく，組み合わせて食べることも大切です。

◆ 栄養バランスの世代越え

栄養状態は世代を越え受け継がれることが分かっています。日本では低出生体重児の増加が課題です。母親の妊娠前のやせや，妊娠中の栄養不足は，出生体重低下の一因となります。低出生体重児は，冠動脈疾患，Ⅱ型糖尿病等，過栄養のリスクを抱えやすいことも分かっています（表1）。お腹の中で飢餓状態にさらされていた子どもは，出生後の飢餓環境に適合しようと，エネルギーをため込みやすい体で生まれるからです。「小さく産んで大きく育てよ」という諺がありますが，子どもの健康を考えると，推奨されません。

表1　出生体重と関連して発症する疾患

低出生体重との関連が明確な疾患	高血圧，冠動脈疾患，（Ⅱ型）糖尿病，脳梗塞，脂質異常症，血液凝固能の亢進，神経発達異常
低出生体重との関連が想定されている疾患	慢性閉塞性肺疾患，うつ病，統合失調症，行動異常，思春期早発症，乳がん，前立腺がん

de Boo HA, JE Harding. Austral New Zealand J Obstet Gynaecol，46．4-14頁，2006年
福岡秀興「胎児期の低栄養と成人病（生活習慣病）の発症」『栄養学雑誌』68巻(1)3-7頁，2010年

また，父親の栄養状態と子どもの健康との関連についても，研究が進められています。動物実験では，父マウスのたんぱく質制限食が，精子を通じ仔マウスの肝臓の遺伝子発現に影響するメカニズムが明らかにされています[9]。つまり，私たちの食べ方は，自身だけでなく，次世代の健康にも関わります。

◆ 地球規模で考える健康的で持続可能な食生活

地球規模での持続可能な食生活も模索されています。SDGsでは「飢餓をゼロに」(SDG2)「すべての人に健康と福祉を」(SDG3)等，食生活と健康に関わりの深い目標が掲げられています。東京栄養サミット2021では「食：安全で持続可能かつ健康的な食料システムの構築」がテーマの一つに掲げられました。世界人口は，2022年11月15日時点で80億人に到達しました。全ての人々が健康的な食生活を営むためには，多くの食料資源が必要です。

たんぱく質1kgを得るのに必要な土地は，畜産動物で多く植物で少ないと試算されています[10]。つまり，植物性食品は動物性食品に比べ，生産効率の高い食品といえます。また，主食（糖質）から十分にエネルギーを摂ることで，食事から得たたんぱく質を，体の組織をつくるために使うことができます。これを「エネルギーのたんぱく質節約作用」といいます。低糖質かつ高たんぱく質の食生活を営む人は，これとは逆のことをしているともいえます。

また，新技術（遺伝子組み換え食品等）や未利用食品の活用も欠かせないものになっていくでしょう。しかし，人類の食経験が浅い食物の摂取を懸念する気持ちも理解できます。生活者としての立場から考えた場合，選択肢があるのであれば，これらの食物を「選ばない」ことも可能です。資源が豊富な地域では，地産地消を徹底させ，自給自足で生活することもできるでしょう。けれども，地球上のすべての人々に，それらを求めることはできるでしょうか？　食生活を取り巻く現状を踏まえ，新たな技術や成果とどのように向き合っていくのか，一人ひとりが食に関する選択肢をもつためには何が必要なのか，また，生じ得るリスクを予見するために，どのような評価・検証の仕組みが必要なのかを，生活者自身も考え，判断していく必要があるでしょう。

他方，令和4年度の日本の食料自給率は，生産額ベースで58%，供給熱量ベースで38%に留まり，多くを海外に依存しています[11]。一方，令和3年度の食品ロスは約523万トン，一人1日当たり114g（おにぎり1個分）に上ります[12]。「食べられるものを捨てない」ことは，持続可能な食生活に向け，今すぐ取り組むことができる，最も基本的な取り組みといえます。

◆ EBMで考える食の安全

　私たちは，食物を安全なものと思いがちです。しかし，外界の異物を体内に取り込むということは，本来，危険な行為です。私たちの祖先は，経験を積み重ね，安全な食品を見分け，食品を制御することで食べるのに適した品種を生み出し，調理・流通・保管条件や衛生管理を工夫し向上させることで，食物の危険性をできる限り少なくしてきました。「絶対に儲かる話」と同じように「絶対に安全な食品」は無いと考えるのが自然でしょう。

　「食べることのリスクを0にする」ことはできません。しかし，「寿命を全うするまで問題を顕在化させない程度にリスクを抑える」ことは可能です。きわめて小さい危険を怖がりすぎて，むしろ，より大きな危険を選んでしまう現象のことを，「リスクのトレードオフ」といいます[13]。例えば，交通事故を恐れて自宅から出ないという選択をした場合，交通事故に遭うリスクは限りなく少なくなりますが，代わりに，運動不足による生活習慣病の発症リスクが高まります。また，それだけでなく，様々な体験の機会が失われてしまいます。つまり，目先の危険に気を取られ過ぎてしまうと，生活を営む上での選択肢を，大きく狭めることにつながってしまうこともあるのです。

　それでは，栄養素や楽しみ，社会機能の維持等，食物の恩恵とリスクのバランスを，どのように考えればよいでしょうか？　生活や行動を変える場合の判断基準をどこに置くかを考える際に，根拠，価値，資源をもとに意思決定を行うEBM（Evidence based medicine：根拠に基づいた医療）の考え方が役に立ちます[14]。迷った際には，この視点で整理してみませんか？

　例えば，日本における予防可能な危険因子による死亡者数（非感染性疾患

と外因による死亡数)の推計結果を根拠として考えてみましょう(図1)。「原因は何であれ,予防可能な危険因子による死亡を防ぎたい」という価値を持つ人にとっては,高血圧,喫煙,高血糖が大きな危険因子であり,最優先で対策を講じるべき課題です。食生活要因に着目した場合は,アルコール摂取,塩分の高摂取が上位に挙がります。しかし,「生活習慣の乱れや,一般的な食品の摂取による死亡(塩分の高摂取,窒息,食中毒等)は自然なことであり許容できるが,人工的な技術が加えられた食品によるリスクは,どのようなものでも許容できない」という価値をもつ人では,優先順位は異なります。他の項目が第一優先課題になるかもしれません。このように,自分の価値が

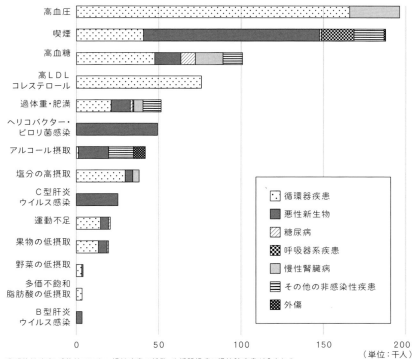

非感染性疾患:感染性ではない慢性疾患の総称。生活習慣病と慢性肺疾患が含まれる。
出典:厚生労働省「令和4年版厚生労働白書-社会保障を支える人材の確保-」394頁
論文:Nomura S. et al. *The Lancet Regional Health – Western Pacific*. 21, 2022

図1 日本における予防可能な危険因子に起因する死亡者数(2019年)

どこにあるのかを考え，根拠と照らし合わせて考える行動は，自身にとっての最適な選択を考える上での手掛かりになります。

　加えて，資源の視点も重要です。人，時間，資金が無いと選択肢は少なくなります。例えば，災害時は衛生管理，水，エネルギーの確保が最優先課題となります。この状況下で，避難所で配られる食事に対し学校給食並みの栄養管理，衛生管理を要求することは困難です。被災状況や災害発生からの期間に応じ，実害が出ないレベルまで基準を下げる対応も必要になります[14]。資源が豊富な国，地域や状況では，より多くの資源を投資し，高い水準の安全・安心を保つことができます。それでは，私たちが求める資源と安全・安心のバランスは，どの程度でしょうか？　一人ひとりがこれからの時代にあった安全・安心の水準とは何か，問い直す時期にきているのかもしれません。

　なお，リスクを減らす考え方の一つに「分散させること」があります。ある食品に健康を損なう成分が入っていた場合，その食品ばかりを食べている人では成分の摂取量が多くなりますが，様々な食品を組み合わせて食べている人では摂取量が少なく済みます。リスク要因を探し出し根拠に基づき判断していくことも大切ですが，「様々な食品をバランスよく食べる」という行動は，より取り組みやすく，最も基本的なリスクを減らす方法といえます。

◆ 命をはぐくむ・人とつながる・暮らしをつくる

　食は，生きる上での根幹となる営みです。私たちの祖先は，飢餓と闘いながら，人にとって好ましい食環境を整え，次の世代へと命をつないできました。その結果，現代では食生活は豊かになり「飽食」と言われるまでに至っています。一方，一見，豊かで多様な選択肢のある私たちの食生活は，脆い食糧システムの上に成り立っており，世界には健康・栄養，安全上の課題や矛盾がたくさん生じています。食に関する情報があふれ，多様な価値が共存する中で，これからの時代に即した「健康で持続可能な食生活」は，どのようなものなのでしょうか。また，私たちが展望する「豊かな食生活」は，どのようなものなのでしょうか。一人ひとりの生活者が現代的視点から主体的

に向き合い個々人にとっての最適な食を選択していくこと，その選択肢をもち続けるために必要なことは何かを考え，行動していくことが求められます。

参考・引用文献・注

1) 日本医学会連合「フレイル・ロコモ克服のための医学会宣言」(2022) では，フレイルは「老化に伴い抵抗力が弱まり体力が低下した状態」とされる．
2) 野村真利香他「栄養不良の二重負荷への介入としての栄養の二重責務行動に関する国際的動向」『栄養学雑誌』80巻 (1)，2022，pp.60-68
3) 日本肥満学会「肥満診療ガイドライン 2022」2022，pp.33-34
4) 文部科学省「食品成分データベース」https://foodb.mext.go.jp（2024.5.4 閲覧）
5) 平松成美他「下腿出血を繰り返し最終的に壊血病と診断した1例」『日本内科学会雑誌』110巻 (10)，2021，pp.2256-2261
6) 厚生労働省「『日本人の食事摂取基準 (2020 年版)』作成検討会報告書」
https://www.mhlw.go.jp/stf/newpage_08517.html（2024.5.4 閲覧）
7) 折茂肇他「骨粗鬆症検診・保健指導マニュアル第2版」2014，p2，p.38
8) 上西一弘他「日本人若年成人女性における牛乳，小魚，野菜のカルシウム吸収率」『日本栄養・食糧学会誌』51巻，1998，pp.259-266
9) Keisuke.et al. ATF7-Dependent Epigenetic Changes Are Required for the Intergenerational Effect of a Paternal Low-Protein Diet, Molecular Cell, 78巻 (3)，2020，pp.445-458
10) Durk N. et.al. The price of protein: Review of land use and carbon footprints from life cycle assessments of animal food products and their substitutes, Food Policy, 37巻 (6)，2021，pp.760-770
11) 農林水産省「令和4年度食料需給表（概算）」
https://www.maff.go.jp/j/zyukyu/fbs/attach/pdf/index-20.pdf（2024.5.4 閲覧）
12) 農林水産省「aff October2023」https://www.maff.go.jp/j/pr/aff/2310/spe1_01.html（2024.6.12 閲覧）
13) 有路昌彦「誤解だらけの『食の安全』」日経プレミアシリーズ，2014，pp.27-28
14) 畝山智香子「安全な食べ物ってなんだろう？」日本評論社，2011，pp.119-123,131-133

さらに学びたい人へ

佐々木敏『行動栄養学とは何か』女子栄養大学出版部，2023
身近な食と健康に関する話題が，栄養疫学の研究成果に基づき，解説されています。

畝山智香子『ほんとうの「食の安全」を考える』同人文庫，2021
安全性の基準や考え方が分かりやすく解説され，食の安全を考える上で示唆に富む内容です。

COLUMN 4

週末猟師が考える地域共生社会 萩原有紀

　はじめて鹿に「止めさし」をしたときの手の感触が忘れられません。止めさしとは,捕獲された野生鳥獣のとどめを刺すことです。「命をいただくとはこういうことなんだ」と**人間である責任**を改めて感じた瞬間でした。

　食肉のほとんどを輸入に頼っている日本において,近年ジビエ[*1]が注目されていますが,シカやイノシシを食肉加工・流通させるには多くの課題があります。そこで,私たちは猟師による自家消費を増やすことから取り組んでいます。私たち猟師仲間は,狩猟期間[*2]は獣肉が手に入りやすいため,スーパーでお肉を買うのを控えます。美味しく食べてくれる友人に持っていくこともあります。

　キャリアコンサルタント,ファイナンシャルプランナー,そして看護師として「生きることと働くこと」をテーマとするキャリア教育を行なう中で,生きることと働くことが離れていると感じています。生きるために働いて,その対価(金銭)によって,生きるために必要なモノやサービスを顔の見えない誰かから手に入れる……モノゴトを遠くの顔の見えない誰かに頼っていると,お金を払ってもそれが手に入らない(入りにくい)ことがあります。私たちは「**消費者**」**として与えられすぎて**,自分の頭で考えたり,自分の手で生み出したりする力が減退しました。私自身,コロナの影響で食材の宅配が突然止まったとき,生きていくために必要な大半のモノゴトを顔も知らない誰かに頼っていたことに気づいて不安でした。かといって,独りで自給自足生活をしようとは思いません。人間や動植物が共生して,それぞれの得意なモノゴトを持ち寄れば,**生きるために必要なモノゴトは意外と近くで揃うのではないでしょうか?**

＜発展的キーワード＞　フードフォレスト,エディブルスクールヤード,
　　　　　　　　　　　パラレルキャリア

【引用・参考文献および注】
*1 食材となる野生鳥獣肉のことをフランス語でジビエ(gibier)といいます。現在我が国では,シカやイノシシによる農作物被害が大きな問題となっており,捕獲が進められるとともに,ジビエとしての利用も全国的に広まっています。(農林水産省ホームページ https://www.maff.go.jp/j/nousin/gibier/)。
*2 狩猟期間は,地域によって異なりますが,私が暮らす奈良県では原則11月15日から2月15日までの3か月間(イノシシ,ニホンジカに限り3月15日までの4か月間)です。

高齢者が地域で暮らすということ

第4章

　この章では、高齢者が地域で暮らすことの意味について、いくつかの事例を挙げて捉えていきます。こどもから高齢者まで、地域とつながりを持ちながら暮らすことは、豊かな生活を送る上で必要不可欠です。特に高齢者にとって、地域で暮らすということは、その人が長年積み重ねてきた暮らしのリズムを保つこと、なじみの人や場所とつながり続けることが可能になります。

　「地域で暮らす」ということを、高齢者がこれまで置かれてきた生活環境や制度的側面、高齢者の生活の場として見たときの高齢者施設の歴史的変遷などに視点を置きながら、高齢者がいきいきと生活を営むことと地域との関係について考えていきます。

黒木宏一

● 高齢者の暮らしの今と昔

　高齢期を迎える際に，どういった住まいで暮らすかは，重要な課題の一つです。高齢者の生活環境は，昔のように最後まで自宅で暮らすというケースは少なくなり，高齢者施設などに入所することが一般的になってきています。

　高齢者施設を含む介護サービス[1]は，2000年からスタートした介護保険制度のもとで整備されてきました。それ以前は，現在のように，高齢者施設や，在宅介護を支えるデイサービス・ショートステイ，小規模多機能といったサービスは十分ではなく，基本は家族が高齢者の面倒をみるという形でした。こうした家庭内での介護力が，ある段階から弱体化し，現在のように多岐に渡る介護サービスが展開されてきています。

● 家庭内の介護力が弱まった理由

　図1は，厚生労働省による国民生活基礎調査を基にした，戦後から今日に至るまでの世帯構成の変化です。1955年から1965年，1975年と，単独世帯・夫婦世帯の割合が高くなり，三世代世帯の割合が低下しています。この時代は高度経済成長期（1954年〜1973年）にあたり，地方から都市部への人口の流出が激しい時期でした。都市部への人口流出の結果，単独世帯の割合が高くなり，また，都市部で暮らす単身者が家族を築いていくことで，1975年には夫婦のみの世帯の割合が高くなるといった現象に繋がっていきます。

　こうした社会的背景と，家庭内の介護力の低下は，密接に関係しています。高度経済成長期以前は，三世代世帯（拡大家族）の割合が高く，高齢者は子ども世帯と同居し，介護を受けていました。ところが，高度経済成長に伴い，若者は都市部へと流出し，親世帯は地方に取り残され，これまで高齢者の介護を担ってきた家族が不在となるわけです。その結果，家庭内の介護力が弱まり，家族に変わる介護力＝介護サービスが必要となりました。

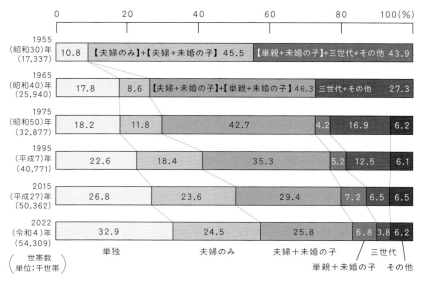

図1　世帯構成の経年変化

🖤 高齢者の暮らしと地域・介護サービス

　ここで，高齢者の暮らしと地域について，介護サービスという視点でみていきます。介護保険制度の狙いは，これまでの家庭内介護の代わりとなるサービスの充実が挙げられます。介護保険制度のもとで整備されてきた介護サービスは，高齢者夫婦のみの世帯や，子ども世帯が近居，もしくは同居している場合であっても，暮らしを支えるための有用なサービスになります。介護力を補うという点で，非常に有効ではありますが，「地域での暮らし」といった視点からみると，どうでしょうか。実は，こうしたサービスの利用によって，地域との繋がりが薄くなってしまうことが危惧されるのです。

　まず，在宅サービスの一つである「デイサービス」の利用を考えてみましょう。週に数日のデイサービス利用を想定します。デイサービスでは，車での送迎が一般的です。そうすると，デイサービスを利用する日は，自宅からデイサービスの車での往復（door to door）で，一日の大半が終わってしまい

ます。これまでよく遊びに行っていた知人の家や、いきつけのお店、喫茶店、商店街など、高齢者の馴染みの場所に立ち寄る機会がいっぺんに減少します。結果的に高齢者の暮らしと地域との繋がりが薄くなってしまうのです。

在宅での暮らしが困難になった場合、高齢者施設での暮らしが考えられますが、ここでは特別養護老人ホームを例に考えてみます。

特別養護老人ホームは、建物の規模が大きく、建設には広い敷地が必要です。街中では広い空き地がありませんので、結果的に街の外、郊外に建設されることが多くなります。結果的に、高齢者が住み慣れた場所からかけ離れた場所での生活となり、デイサービスを利用していた時以上に、さらに地域との繋がりは薄くなってしまいます。

◆ 暮らしの器とは？

次に、実際の高齢者施設での生活についてみていきます。

日本における特別養護老人ホームは、1963（昭和38）年に制定・施行された「老人福祉法」のもとで整備されてきました。当時の特別養護老人ホームでの高齢者の暮らしぶりを詳細に伝えている書籍の一つに、外山義氏の『自宅ではない在宅』[2]が挙げられます。外山氏は、建築学（建築計画学）の研究者で、高齢者施設のよりよいあり方を探求された著名な方です。

『自宅ではない在宅』では、地域で暮らしていた高齢者が、施設の中でどういった大変さ＝苦難を経験するのかについて詳細に書かれてあります。では、その内容について、詳しく見てみましょう。

自宅で暮らしていた高齢者が、特別養護老人ホームに移った際に、まず最初に直面する苦難は何でしょうか？　それは、暮らしの基盤を失うこと、また、失うことで生まれる苦悩です。では、暮らしの基盤とは何でしょうか。それは、住み慣れた住まいであり、地域生活です。暮らしの基盤から切り離されて入所することは、長年その人に合わせて形成してきた「暮らしの器」を引き剥がされてしまうことに他ならないのです。近い経験として、進学や就職、転勤などで見ず知らずの土地で暮らしをスタートさせる時の状況がそれに当たるでしょう。一から自分の「暮らしの器」をつくり出さなければな

らない苦難です。この苦難は，何十年も住みこなしてきた住まいや地域から新しい環境に移らなければならない高齢者にとっては，どれほどのものでしょう。

　この暮らしの器を捉える際に，一つ重要なポイントがあります。「暮らしの器」は，自らが住みこなす・調整することができる環境であるということです。人は自分の暮らしを営む際に，自分の生活スタイルに合わせて，身の回りの環境（住まい・地域）を調整しながら生活しています。この調整には，暮らし方や他者との付き合い，部屋に置く家具や飾りなどの設えといった，調整しやすいソフトの要素から，住宅そのものや街の構成といった調整しにくいハードの要素があります。このソフト・ハードを，本人が調整可能な範囲でその人の暮らしに合わせてフィッティングしています。施設に入所した高齢者は，この調整できる「暮らしの器」をリセットされ，再構築していかなければなりません。そうした苦難があることも忘れてはいけない点です。

❤ 施設の空間と暮らしのルール

　施設での生活を考える上で，生活空間はとても重要な要素です。高齢者が施設で暮らす以前の当人の住まいは，四畳半や六畳間，八畳間といった，住宅固有の空間・広さであったのに対し，特別養護老人ホームの空間は，大規模になります。伝統的な農村住宅の面積は，おおよそ150㎡程度ですが，平屋建ての特別養護老人ホーム（特養50床，ショートステイ10名）の場合，4,000㎡程度です。施設の面積は，住宅の26倍近くになります。高齢者にとって，この面積の違いは大きな戸惑いと混乱をもたらします。また，個室のつくられ方も，近年では個室化の流れが一般的ですが，以前までは六床室・四床室といった多床室（相部屋）が基本でした。自分の好きな時間に起き，好きなテレビ番組を見て，好きな時間に食事を摂って，好きな時間に寝る，といった高齢者個々の生活が難しく，どうしても集団生活のルールに合わせた暮らしが求められます。暮らしの器のリセットとともに，暮らしのリズムもリセットされ，施設での暮らしのリズムを強いられるといった苦難も経験します。

◆ 高齢者施設での新しい動き

　高齢者が自宅から施設に移って経験する苦難に対して，特別養護老人ホームなどの施設では，近年様々な試みがなされています。多床室から個室へ，大集団から小集団での暮らし（ユニットケア・小規模生活単位型）へ，施設中心の暮らしから地域へ，といった流れです。大規模な施設空間を住宅スケールに近づける工夫や，集団生活から個の暮らしを大切にする空間づくりといった取り組みに加え，施設で暮らしている高齢者が地域の住宅にお邪魔して一日を過ごす「逆デイサービス」などもあります。施設を住まいへ，地域との壁のない繋がりづくり，といった点で好例な施設に，新潟県長岡市にある小規模特別養護老人ホームS[3]があります。このSは，施設全体が戸建て住宅をいくつか繋げたような外観・構成になっていて，住宅街に溶け込んでいます。戸建て住宅のような空間は入居者の個室になっていて，それぞれの個室に玄関・ポストが設けられています。あたかも小さな自分の住まいのようです。老人ホームの中には，地域に開放されたスペース（地域交流スペース）にキッズスペースもあり，学校帰りの地域の小学生の日常的な遊び場にもなっているようです。こうした今日的な高齢者施設での取り組みの狙いは，これまでの高齢者の「暮らしの器」（地域や住まい）の再構築にあります。

◆ 大阪市生野区の高齢者の暮らし

　これまで，高齢者の施設入所の苦悩について見てきましたが，ここからは，高齢者が地域で暮らす豊かさ，意味について考えてみます。
　紹介するのは，大阪市生野区にあるAデイサービス（以下，A）に通う高齢者の暮らしぶり[4]で，在日コリアンの人々が多く住んでいます。
　このデイサービス利用者の特徴は，全て在日コリアン高齢者で，同郷の人々が共に利用しています。利用者の身体状況は，ADL（Activities of Daily Living：日常生活動作）が高く，徒歩や自転車，電動カーでデイサービスに通っています。デイサービスでは車の送迎が一般的というのは前述の通りですが，高齢者が自力で通っている点が，このデイサービスの特徴の一つです。

表1　地域資源の利用

利用者	買い物	銭湯	公園	病院	カラオケ	喫茶店	デイへの行き来
A-01	Mスーパー	R銭湯	×	K病院	×	×	徒歩
A-02	スーパー	○	—	○	×	—	自転車
A-03	M、Kスーパー	○	T公園	K病院	×	×	自転車
A-04	—	—	—	—	—	—	—
A-05	K商店街	○	—	K病院	○	○	電動カー
A-06	スーパー	R銭湯	K公園	○	×	×	徒歩
A-07	Kスーパー	—	T公園	—	—	—	送迎
A-08	K商店街	×	—	—	—	—	徒歩
A-09	M、Kスーパー	○	K公園	—	×	○	徒歩
A-10	Mスーパー	R銭湯	×	○	×	×	徒歩
B-01	—	×	○	○	×	×	送迎
B-02	スーパー	○	K公園	K病院	×	×	送迎
B-03	スーパー	○	×	○	×	×	送迎
C-01	—	×	×	K病院	×	×	送迎
C-02	スーパー	×	×	K病院	×	×	送迎
C-03	—	×	○	K病院	×	×	送迎
C-04	—	×	×	K病院	×	×	送迎
C-05	—	×	×	K病院	×	×	送迎
C-06	スーパー	—	—	○	×	○	送迎

　利用者の暮らしぶりは，殆どが一人暮らしです。子ども世帯が近居で暮らしている場合が多く，頻繁に親の家へ行き来しています。食事や掃除，買い物といった家事は，ヘルパーや子どものサポートを受ける高齢者もいますが，一人で行っている高齢者が殆どで，高齢者が自分の力で暮らしています。

　表1は，A利用者と，同じ地域にある他のデイサービス利用者との地域資源の利用実態の比較を示したものです。A利用者では，銭湯や公園，病院，カラオケ，喫茶店といった，多様な地域資源を利用しているのに対し，他のデイサービス利用者では，地域資源の利用が少ないことが分かります。その違いの要因は，デイサービスへ通う手段があります。Aでは，徒歩や自転車ですが，他のデイサービスでは，全て車での送迎です。徒歩や自転車であれば，デイサービスの行き来の際に，自由に地域資源を利用するといった「ついで利用」が生まれ，利用の差に繋がっています。また，高齢者が利用して

いる地域資源も，デイサービスから半径500m圏内にあり，高齢者でも容易に通える距離にあることも，「ついで利用」を促しています。

◆ 地域で暮らすことの豊かさとその意味

ここで，地域で暮らすことの意味がみえてきます。それは，高齢者自らが選択・決定をしながら自立して暮らすこと，自分の「暮らしの器」をコントロールしながら生活するという豊かさです。Aの利用者へ聞き取りをすると，「デイのついでに，好きな惣菜をスーパーで買って帰る。朝食は何にしようか考えながら買い物をする」，「朝は友人と喫茶店でモーニングを食べてからデイに来る」，「デイのカラオケじゃ物足りなくて，帰りに友達とカラオケに行く」といった話が聞かれます。デイの利用をきっかけにして，思い思いに地域資源を利用し，その人らしく暮らしている様子がうかがえます。

それでは，地域資源の利用が，さらにどういった効果をもたらしているのでしょうか。公園では，デイ以外の高齢者と出会ったり，過ごしたりしながら，一人暮らしの寂しさを解消したり，様々な情報を得る場所となっています。病院の待合室ではおしゃべり・社交の場となり，銭湯では顔をみない高齢者のことを気遣う安否確認の場に，喫茶店やカラオケではデイ以外の楽しみの場になっています。高齢者が地域資源を主体的に利用することで，副次的な人との繋がりや楽しみが生まれ，より豊かな暮らしを実現しています。

◆ 高齢期をどう生きるか

最後に，高齢期をどう生きるかについて，改めて考えてみたいと思います。人生100年時代と言われ初めて久しい今日，みなさんは退職してから20～30年をどう生きていきますか？退職後の高齢者の暮らしを調査した研究[5]では，リタイアした高齢者の充実した暮らしに，どういった要素が影響しているのかを紐解いていますが，充実した暮らしを送っている高齢者の多くが，地域のコミュニティセンターをよく利用している・ご近所付き合いを良くしている・地域活動・社会活動に積極的に参加している，などの結果が得

られたようです。退職後の長い高齢期をいきいきと暮らすためには，やはり地域と繋がりをもつことが大切で，リタイアする前に地域との繋がりづくりを積極的に行っておくことがポイントなのかもしれません。

命をはぐくむ・人とつながる・暮らしをつくる

　日本の社会は，少子高齢化の流れを受け，劇的に変化しています。高齢者の暮らしを支える介護保険制度も，高齢者の急増によって，施設サービス重視から，在宅サービスの充実・介護予防へと向かっています。最後は施設で，といった考え方は，もはや過去のものになってきています。こうした中で，自分が高齢期になった際に，どういった暮らしをしていくのか，そのヒントが，今回紹介した「高齢者が地域で暮らすこと」の中に潜んでいるのではないでしょうか。高齢者それぞれが主体的に住まいや地域といった「暮らしの器」を調整し，人とのつながりを維持しながら豊かな暮らしを実現していく。その「暮らしの器」が人生のラストステージとしての終の棲家，地域となりえるよう，これからの暮らしを考えていく・準備していく必要があります。

参考・引用文献

1） 高齢者の住まいや高齢者施設，介護サービスについては，10章をご参照ください。
2） 外山義『自宅でない在宅　高齢者の生活空間論』医学書院，2003
3） 山﨑亮『ケアするまちのデザイン－対話で探る超長寿時代のまちづくり』医学書院，2019
4） 黒木宏一・横山俊祐「在日コリアン高齢者の地域生活の特性と自立的生活構築に向けた研究－脱制度型地域福祉の構築に向けての大阪市生野区のケーススタディ　その2」日本建築学会大会（北陸）学術講演梗概集，一般社団法人日本建築学会，2010.7，E-1，pp.119-120
5） 小林隼人・佐野咲織・黒木宏一「退職後の高齢者の暮らしと充実度に関する研究　その2－主観的評価と客観的評価の比較－」日本建築学会大会（関西）学術講演梗概集，一般社団法人日本建築学会，2022.7，pp.773-774

さらに学びたい人へ

外山義「自宅ではない在宅　高齢者の生活空間論」医学書院，2003
高齢者施設のあり方について、膨大な研究調査をもとにリアルに書かれた本です。高齢者の暮らしの本質が理解できる本にもなっていますので、ぜひ手に取って読んでみてください。

COLUMN 5

快適すぎる空間の危険性!?　　　　　　　　城戸千晶

　地球温暖化により夏の最高気温は年々上昇し,熱中症発症者が増える中,特に高齢者が住宅で熱中症になりやすいことが明らかになっています。では,高齢者はどんな環境で生活しているのでしょうか？私は高齢者宅を調査してきましたが,若齢者に比べて温度感覚が鈍化し,室温30度以上でも涼しい・快適と感じている方が多数おられました。調査を通じ,高齢者は自身の感覚を過信せずに**温熱環境**を調節する必要があることをひしひしと感じました。

　近年では生体情報をセンシングし,24時間365日快適に**自動制御**してくれる空調機器も出てきました。工学の視点から熱中症対策を考えた際,体温調節機能が低下した高齢者にとって有効な技術だといえます。しかし,快適な温熱環境がすべての人にとって最適な温熱環境といえるのでしょうか？ここで,人が周囲環境に適応しながら生きるために不可欠な体温調節機能に着目し,発達段階とともに生理学の視点から少し考えてみます。生後から3歳程度までに汗をかくことで汗腺が能動化し,発汗による体温調節機能を獲得します[*1]。つまり,この間に汗をかかないと暑さに弱い身体になってしまいます。汗腺発達後でも,一日中冷房完備の環境で過ごす人は汗腺機能が低下して汗をかかなくなり,快適な温熱環境での生活が長期に及ぶと季節順化に対応できずに夏の暑さに対する耐性が劣る恐れがあると指摘されています[*2]。このように常時快適に浸ることは,人が持っている**温度適応能**の衰退をもたらす可能性が考えられます。さらには,快適な空間から出たくなくなり地域や社会との関わりが減る,窓から吹き込む風で涼を得るといった自然と共存する意識や季節を感じる楽しみが薄れるなど,人らしく生きていくうえでの新たな懸念も考えられるでしょう。

　快適な空調の自動制御が生活に組み込まれ「生活の科学化」が進む一方で,人の生体機能や周囲との相互作用を維持するためにどうあるべきか「科学の生活化」(序章参照)を考える必要があります。私にとっての家政学は,隣接する工学や生理学などの基礎的な学問を横断しながら人間生活にとってあるべき姿を複合的に考える学問だと考えています。家政学って奥が深いですね。

＜発展的キーワード＞ ZEH, WHO「住宅と健康ガイドライン」
【引用・参考文献】
*1 久野寧著『汗の話』光生館, 1963年, 67-68頁
*2 小川徳雄「快適環境と至適環境」『日本生気象学会雑誌』29巻2号, 1992年, 97-100頁

人がよりよく生きる「生」に向かって

第 5 章

「子どもは将来の人的資源だ。これからはジェット機とコンピューターの時代になる。こういう機械をぜんぶつかいこなせるようにするには，大量の専門技術者や専門労働者がひつようですぞ。ところがわれわれは，子どもたちを明日のこういう世界のために教育するどころか，あいもかわらず，貴重な時間のほとんどを役にもたたない遊びに浪費させるままにしている。」この言葉により多くの放置された子どもたちは，＜子どもの家＞に集められ，監督の大人が決めた役に立つことを覚えさせられ，命じられたことを面白くなさそうに行い，自分で遊びを工夫することは許されず，たとえ好きなことが許されても何をしたらよいか分からない子どもになりました。上記は，ミヒャエル・エンデの小説『モモ』に出てくる内容ですが，このエピソードを参考に，人間にとって楽しいと思うことや夢中になる「遊び」は，なぜ必要なのか考えてみましょう。

花輪由樹

◆ 『モモ』の世界にみる「人間にとっての時間」

みなさんは，心がワクワクする「時間」・「空間」・「仲間」・「方法」に囲まれた生活とはどのようなものだと思いますか。

ミヒャエル・エンデの小説『モモ』[1]には，時間どろぼうたちによって奪われた「人間にとっての時間」を主人公が取り返す内容がでてきます。時間どろぼうたちは，「時間節約こそ幸福への道」として，時間のかからない新しい文明の利器を活用することこそが「ほんとうの生活」に近づくと宣伝します。それを支持した人々は，時間が節約された安上がりの，余分なものがついていない家が立ち並ぶ街に暮らすことになりました。どの家も全部同じように作られ，そこに住む人々が暮らしやすいような手間はかかっていません。このような街にどのような時間が流れているか，みなさんは想像できますか。この本は1973年にドイツの児童文学作家により書かれたものです。スローライフの世界と，ファストライフの世界，それぞれに利点・欠点はあることでしょう。時間の節約は何のために行われるのでしょうか。

「時間をケチケチすることで、ほんとうはぜんぜんべつのなにかをケチケチしているということには、だれひとり気がついていないようでした。じぶんたちの生活が日ごとにまずしくなり、日ごとに画一的になり、日ごとに冷たくなっていることを、だれひとりみとめようとはしませんでした。でも、それをはっきり感じはじめていたのは、子どもたちでした。というのは、子どもにかまってくれる時間のあるおとなが、もうひとりもいなくなってしまったからです。」

ミヒャエル・エンデ作，大島かおり訳『モモ』（岩波書店）

◆ 現代社会の「かまってくれる大人」事情

現代社会は共働き家庭が主流であり，子どもが帰宅した際に，ふらっと「かまってくれる」誰かが家や地域に居る状況をつくるのは難しく，就学前

の子どもは延長保育で親の迎えを待ち，就学後は学童で放課後を過ごします。たとえ祖父母がいる家庭でも，孫の面倒を毎日みるのは労力が要ります。そこで前述したような外部サービスを利用し，親が帰宅するまでの間，着替えをさせ，おやつや夜ご飯を提供し，遊び相手をしたり，風呂に入らせたりする，＜家庭内ジジババ保育園＞が開かれます。

図1　白菜を調理する子どもたち

　筆者の実家では＜オバ保育園＞を展開することもあり，夕方に食事づくり（タコ焼き，餃子，カレー等）に誘うと，今日のご飯は自分が作ったんだよ！と我が物顔で食卓を囲む時間へと繋がります。そして19時頃に親が帰宅すると，かまってほしい「おねだり時間」が始まります。子どもにとって，「かまってくれる大人」は誰でも良いわけではなく，親にしかできない「共に過ごす時間」があるようです。また，どれほど「家庭機能の外部化」が進んでも，全てを外部サービスに頼ることは難しく，子どもが家に居る時の「ごきげん時間」を誰が担うのか，各家庭のマネジメント課題として問われてきます。外部サービスの充実度には地域差もあります。みなさんの地域で＜ジジババ保育園＞の代わりとなるものも調べてみてください。

森での「遊び」で育まれる絆

　次に，北欧諸国で始まった子どもを野外で保育する森の幼稚園を紹介します。2023年7月にスウェーデンの森の幼稚園で働く方（巽朝菜氏）の講演会があり，そこでは自然の空間があるだけでは子どもにとって豊かな遊び場とはならず，大人の関わり方として大事な要素が5つあると示されました。1つ目は，子どもたちの強い心と体をつくること。そのために，日課として「今日森に行くよ」という声かけをして，子どもたちの気分を盛り上げます。

2つ目は、毎回同じ場所に訪れること。「トロール（妖精）の森に行くよ」「石の森に行くよ」と分かるように説明をし、その際はスウェーデン語を話さない子どもにも配慮して「支援手話」も用います。3つ目は、同じ手順を踏むこと。例えば「森に入るときに鍵（どんぐり、松ぼっくり等）を拾う」、「森に入るときに歌を歌う、おじゃましますと言う」など、毎回儀式を行います。4つ目は、いつ出発して、いつ戻るのか、これから何をするのかを子どもたちが知っていること。これにより子どもたちの安心・安全が守られていきます。5つ目は、1, 2歳の子どもたちが森で迷子にならないよう定期的に人数を確かめること。

森に通い続けて4, 5歳になると徐々に安心・安全が築かれ、子どもたちは、研究者・冒険者・発見者になっていくようです。「大きな木が育つには何が必要？」と尋ねると、「水！」「太陽！」「土！」「木が育つには月が必要！」「寝るには月が必要だから！」と返答がきます。また、森や植物、生き物が好きになると、子どもたちは森のごみを拾いだします。なぜなら「動物が死んじゃう」「僕たちの森が汚れる」と行動に移すのです。また、バナナの皮、ガラス、プラスチックを埋めて半年後の変化を探った時も、「ごみは捨てちゃだめ」と認識します。これは遊びを通じた環境教育そのものです。

森に入り、生きとし生けるものと絆を強めることは、自然豊かな北欧最大都市において、子どもたちが自然を守っていく主体となるために重要なことだそうです。「自然との共生」と一言でまとめられそうなことも、遊びを通して年月をかけ、子どもと自然との関係性を紡ぎ、その関係性に未来を託すということ。このような「遊び」を通じた人づくりには、かなりの専門性が必要なことがうかがえます。幼少期の自然観は、未来の国を担う人々の自然に対する基礎感覚を育んでおり、これは「家庭という範囲」を超えて、社会でも育まれるべきものではないでしょうか。森の幼稚園では、家政学が目指す「人間生活における人と環境との相

図2　スウェーデンの森の幼稚園
　　　（巽朝菜氏より写真提供）

互作用を考える」[2]ことが，幼少期から育まれているといえます。日本でも，様々な活動主体（幼稚園，保育園，学童保育，育児サークル等）により，森や海，川，畑，都市公園等で，このような自然環境と子どもたちを繋ぐ場がひらかれています[3]。

♥「都市」での「遊び」で育まれる絆

次に，図3はドイツのミュンヘンで撮影したものですが，子どもたちは何のためにこのような列をつくっていると思いますか？

ここは「遊びの都市ミニ・ミュンヘン」と呼ばれ，2年に一度，夏休みの3週間，7〜15歳の遊び場となります。この行列は，その先にある大学を目指しています。屋内外60種類ほどのブースに3000人ほどの子どもたちが集い，ハローワークを通じて仕事をしたり，働いたお金で買い物や食事をしたり，映画を見たりします。大学で勉強することでも給料がもらえるのです。

仕組みを準備するのは大人ですが，遊びが始まると「都市」は子どもたちによって動かされていきます。デモの実施や，市民集会での新たな提案，選ばれた市長・議員による「都市」の政策立案など，「遊びにくさ」を自分たちで解決する仕組みが用意されています。2012年はパンの買い占め問題に一人3個までの条例が制定され，大人進入禁止ゾーンも設けられました。

子どもたちは好きなように遊びますが，大人スタッフは単なる職業体験で

図3　列をつくる子どもたち
　　（ミニ・ミュンヘン2010）

図4　実際の都市での「都市」の裁判
　　（ミニ・ミュンヘン2022）

終わらせないため，仕事依頼は郵便局を通じて行わせたり，工房の作品をデパートで販売させたりと各仕事が「都市」と繋がる遊び方を仕掛けています。また2022年には，実際の市役所の議場で「都市」の裁判が行われたり（図4），博物館で「歴史を学ぶ仕事」ができたりと，子どもたちが「遊びの都市」を通じて実際の都市との紐帯を築けるようなきっかけが提供されていました。

◆ 遊びが育む地域の担い手

「ミニ・ミュンヘン」は1979年に，夏のバカンスに行けない子どもたちが昼ご飯も食べられる遊び場として始まり，その後，世界各地に広まりました。日本でも「ミニ香北町」（1997・高知県）が一時的に行われ，その後「ミニさくら」（2002・千葉県）が継続的に実施されると，「こどものまち」として全国に広まりました[4]。2024年時点で約300地域での実施が確認されており，子どもの遊び環境の向上を願うNPOや行政，自主組織の人々が取り組んでいます。数日間の開催が多い日本では，準備段階の「子ども会議」で大学生や大人たちがサポートして，子どものアイデアを形にします。

筆者の調査では，参加する子どもたちは，自分で働き欲しいものが手に入ること，職業が体験できること，学校以外の人と出会えることに喜びを抱いています。また，「まち」の改善への意見をもつ子もいます。大人スタッフは，出しゃばりすぎない見守る態度に難しさを感じながらも，地域の子どもが「まち」をつくり遊ぶ姿に面白みを持っているようです。そして各地では開催毎に，「まち」の経験者が手伝いに戻ってくる現象もあります。自分が楽しかった思い出を地域の子どもにも体験させたい想いがあるようで，ここには地域の遊びの場が共に創造され，担い手が継承される様子がうかがえます。また違う地域の「まち」を手伝う「関係人口」的関わりをもつ人もいます。

元ミニ・ミュンヘン主催者へのインタビューでは，小さい頃の楽しい居場所が，人生にどれほど重要であるかという強い信念をうかがいました。

「君の居場所がこの世界のどこかにある。あなたが許可された存在であることや，あなたが行動する色々なことを，私たちが評価してあげる分，成長の糧にしてほしい。ミニ・

ミュンヘン自体が姿を消しても,そこで行った体験は脳みその中に必ず残る。だから一旦は空想の中に入るかもしれないが,違う場面で進化する可能性がある。」(2014年ヴォルフガング・ツァハリアス氏への筆者インタビューより)

全国の「こどものまち」OB・OG・保護者にインタビューした著書[5]によれば,ここでの体験は,「自分で考え行動する性格を受け入れてくれた」「家族以外の人に褒めてもらい,自信がついた」「小さい子どもと話す能力を培い,今の仕事につながっている」「『やればできる,子どもでもできる』と考え方が変わり,起業という選択肢につながった」といったように,「まち」経験は,ヴォルフガング氏が想定する「違う場面で進化」することがうかがえます。

◆ 家政学×遊び

ここでは家政学の視点から「遊び」とは何かを考えてみたいと思います。家政学の英訳 Home Economics の "Eco" とは,ギリシャ語で oikos を語源とし,「生きる,暮らす」から派生して「家,家庭」の意味を持ちます。Economyとは,oikonomia（家政:家を整え管理すること）, oikonomos（家政家:家を治めるもの）です。また人間を含めた生物とその環境の相互関係を研究す

表1 エコノミーとエコロジーの語源

英語		ギリシャ語	
	Economy（経済）		oikonomia（家政:家を整え管理すること） oikonomos（家政家:家を治めるもの）
	Eco		oikos（生きる、暮らす➡家、家庭）
	Nomy		nomia（管理） nomos（法律、秩序、義務）
	Ecology（生態学）		家の言葉、家の論理、家の営みの学問
	Eco		oikos（生きる、暮らす➡家、家庭）
	logy=logic（論理学、論理）		logos（言葉、論理、学問）

『生活と家族』（佐藤2016）より筆者作成

る Ecology（エコロジー，生態学）も，oikos ＋ logos を語源とし，「家の言葉，家の論理，家の営みの学問」の意味があります。このように，エコノミーやエコロジーは「家」の概念が基盤にあります。では「エコ」は，「遊び」とどう関係するでしょうか。

『遊びのエコロジー』[6]の著者・木下勇氏は，「遊びのエコロジーは…略…与えられる教育によって環境の仕組みを学ぶのではなく，遊びの中で自然と身につくことを基本としている」と提示し，そのアイデアを元ミニ・ミュンヘン主催者のヴォルフガング・ツァハリアス氏より得たといいます。彼は街に＜建物のないミュージアム・プレイバス＞を出現させ，「OIKOS」プロジェクトを開き，「頭・心・そして手の作業場」，「感覚の迷路」，「豊かな感覚」，「豊かな身体」のプログラムを展開しました。ここでの oikos とは，「家」というより「生きる，暮らす」感覚を確かめるものといえます。

今一度「エコ」の概念に戻ると，「oikos ＝生きる，暮らす」の文脈から，「家政＝生きる，暮らす感覚をいかによりよいものとするか」，「家政×遊び＝生きる，暮らす感覚に遊びがいかに貢献できるか」と解釈できそうです。

◆ 命をはぐくむ・人とつながる・暮らしをつくる

生活とは英語で Life であり，「生命，命，生きていること，生物，生き物，人生，一生，生涯，寿命，生活，暮らし，生き方，活気，生気，元気，活力源」と多くの意味を含みます[7]。この Life をどのように，自分・家族・社会にとって生き生きとしたものにできるでしょうか。そこにその人が存在し，心地よく生きる状態が保障される社会であるために何が必要でしょうか。これが，コミュニティや社会，国のあり方として存在できているかを検証することが，家政学の役割（序章「科学の生活化」参照）といえます。

国連の子どもの権利条約第 31 条[8]には，すべての子どもは，年齢に適した遊びや文化的な生活，芸術に自由に平等に参加できる「遊ぶ権利」があることが記されています。IPA 日本支部では災害時にもこれらが配慮されるように，「危機的状況における遊び」のガイドを示しています[9]。また近年は

ユニバーサルデザインの遊び場づくりにおいて,「障害の有無などを問わずあらゆる子どもが,自分の力を生き生きと発揮しながら,様々な友だちと共に遊び学べる」[10] ように,①公平なアクセス,②多彩な遊び要素の提供,③対等な遊びへの参加,④安心・安全な配慮・工夫,⑤自らの世界を広げられること,といった5つの原則が提案され,これに基づいた公園づくりも始まっています。よりよく生きる「生」に向かって遊びはどうあるべきか,今一度,冒頭の『モモ』を振り返り,真の「タイパ」「コスパ」とは何か,再考してみてください。よりよい「生」に向かって,皆で共にワクワクする世界を創っていきましょう。

参考・引用文献

1) ミヒャエル・エンデ作・大島かおり訳『モモ』岩波書店,2005
2) (一社)日本家政学会 家政学原論部会編『やさしい家政学原論』建帛社,2018
3) NPO法人森のようちえん全国ネットワーク連盟「森のようちえんとは」
  https://morinoyouchien.org/about-morinoyouchien (2024.3.30 閲覧)
4) 木下勇・卯月盛夫・みえけんぞう編著『こどもがまちをつくる-「遊びの都市ミニ・ミュンヘン」からの広がり』萌文社,2010
5) 番匠一雅・岩室晶子・花輪由樹・小田奈緒美『「こどものまち」で世界が変わる-日本中に広がるその可能性』萌文社,2024
6) 木下勇『遊びのエコロジー』丸善,1996
7) 佐藤真弓『生活と家族—家政学からの学び—』一藝社,2016
8) 日本ユニセフ協会「子どもの権利条約(児童の権利に関する条約)全文(政府訳)」
  https://www.unicef.or.jp/about_unicef/about_rig_all.html (2024.3.30 閲覧)
9) IPA日本支部「危機的状況における遊び:子どものくらしに関わる人のガイド」
  https://drive.google.com/file/d/1skTcPVKZTok5Zh8wLPsVjMHdTThl8lhk/view
  (2024.3.30 閲覧)
10) 柳田宏治・林卓志・矢藤洋子『すべての子どもに遊びを:ユニバーサルデザインによる公園の遊び場づくりガイド』萌文社,2017

さらに学びたい人へ

DVD『ミニ・ミュンヘン -die alternative Stadt- ver.2』萌文社,2010
2004年に取材された内容ですが,ミニ・ミュンヘンの様子が映像により分かります。

エレン・ケイ『児童の世紀』冨山房百科文庫,1979
遊びと教育のあり方について,児童中心主義の視点から書かれています。

COLUMN 6

シェア居住から考える暮らしのデザインの実践

司馬 麻未

物質的な豊かさが満たされる時に幸せを感じる時もありますが，それは一時的な幸福感であることが多く，良質な人間関係がもたらす幸福感は持続的であると言われています。暮らしにほんのり彩りを添えるような，小さな幸せの積み重ねが暮らしを豊かにしてくれるのではないでしょうか。

例えば，朝の出勤時に隣に住むおばあちゃんとすれ違いざまに挨拶をして「行ってらっしゃい」と言われたら仕事へ向かう足取りが少し軽くなる。また近所のお好み焼き屋のママが自分の顔と名前を覚えてくれた時，店の常連になったような気がしてまちへの愛着心が生まれる。例にあげたような人間関係がなくても何不自由なく生活を送ることは可能であるし，また人間関係を構築するのは時として煩わしく，面倒な事もあるかもしれません。しかし暮らしのなかで得られる心地良さや生活の豊かさは，このような人とのつながりによってもたらされる場合が多いのではないでしょうか。

私は十数年，**シェア居住**に着目し，シェア居住での生活や人間関係がどのように構築されていくのか，共用空間でどのような交流があれば良好な人間関係が形成されるのか，建築計画学の視点から研究を行っています。

シェア居住で暮らす人々へのヒアリング調査[1]によると，「家具などが備え付けられていることから初期費用が安くすむ」といった経済的合理性を重視した入居動機が多い一方で，「帰宅時に家に灯りがついていて，おかえりと言ってくれる人がいてほっとする」と人と暮らすことによる安心感や心地良さを感じている居住者が多くいました。また共用空間で行われる食事のおすそ分け行為によって，居住者間の人間関係が深まることもわかりました。居住者間で何気なく交わす挨拶や会話が生み出す暮らしの豊かさは，強固な信頼関係のある人間関係から得られるものではなく，他人同士が緩く繋がる人間関係から得られるものでした。

暮らしをデザインすることが，家政学の実践であると考えます。何気ない日常がほんの少し豊かになるような，**人とのつながりを築く**ことを実践してきたいと思います。

<発展的キーワード> 個人化社会，所有と共有

【引用・参考文献】*1 司馬麻未：個人化社会の住まいにおける社会環境形成に関する研究 －シェア居住に着目した基礎的考察－，武庫川女子大学大学院 博士論文, 2021.3

食べる カタチと 「Co-食」の場

第6章

「ごはんを家で家族と食べる」。気にもとめなかった日常の一コマが揺れています。高齢社会，家族形態の多様化，女性就労率の高まり，少子化等々，家族の周辺が大きく変わってきているのです。家で食べたいという思いは，それ自体の揺れも伴って，現実との間に個人あるいは家族に，そして社会にも多くのストレスを生じさせています。情報技術が進化してこれら多様な事情との関わりも少し見えてきました。どこで，だれと，どのように食べるのか，あるいは誰が作るのかなど，近い将来を見据えて改めて考えてみる時期が来ているようです。

食べることは，生命と健康を維持する礎です。大切な日常の営みとして，楽しく食する記憶を，食事の原風景の中に残したいものです。本章では当たり前としてきた枠に留まることなく，ともにつくる「Co-食」の場を見つめます。

小倉育代

現代の食事模様

　今，多くの学生は朝ごはんを一人で食べています。その理由は「家を出る時刻が家族と違うから」だそうです。子育て期の朝食風景のイメージを学生に聞くと，「子どもには自分で食べさせる」という回答が返ってきます。それは「自分もそうだった」「自立心を養うため」のようです。以前は「家族みんなで一緒に食べたいけれどもなかなか難しい」という反応が多かった[1]のですが，ずいぶん事情が変わってきました。

　子どもの食事風景について，一人で食べている状況を「孤食」としてその実態が問われ始めたのは 1980 年代です。そして，「子食」子どもだけで食べていたり，「個食」誰かと一緒でもメニューが違ったり，様々な，いわゆる'コ食'が日本の子どもの食事実態として指摘されてきました。背景には，働く父母の帰宅時刻がどんどん遅くなったことや[2]，親世帯との同居が減り一人親世帯が増えたことなど家庭をとりまく環境の変容が指摘されています[3]。そして 40 年が過ぎた今，このような食事の状況はあらゆる世代に拡大しています。高齢層だけでなく，都市部の若年層にも単身世帯が増えていることがその背景の 1 つです。また，中高生がいる世帯では増える学校の部活動時間が，その後の世帯でもアルバイトも含めた働き方の多様化が，多くの家族に生活時間や場所を共にすることを難しくしているようです[4]。加えて 2020 年に勃発した新型コロナは，その対策として抜き差しならぬ状況下で食事風景を一変させました。急激に進歩したリモート環境やデジタル技術が，食環境を大きく変えようとしています。これからの食べるカタチの新たな可能性とともに，その課題も私たちに突き付けているのです。

「Co-食」の提案

　「もともと人間は共食する動物」と文化人類学者の石毛直通は指摘しています。私は大学で住居学を学び始めた頃，「面白い」の語源の一つは「火に照らした顔(面)が白く浮かぶ様」で，床座で「炉を囲み人が集う食事」に由来すると学びました。人の食べることの意味と本質に気づき，自身の経験

に照らして腑に落ちたことを覚えています。人は食事を一緒に楽しむ方法や場所を探り、それらを文化的レベルに押し上げてきたのです。共に食べることは、自然とコミュニケーションを生み[5]、食事内容や生活リズムの適正化を促す[6]など、食事を豊かにする装置にもなることが明らかになっています。

コ食化が進む現代では、「共に食べる」生活（「共食」の狭義[7]）への回帰が求められがちですが、本章ではちょっと違う視点から新しいコ食＝「Co-食」を提案します。「Co-食」では、接頭辞 'Co-'（共同・相互性、例えば Co-op）を「食べる」という動詞に付すことによって、食事を人間が織りなす営み、社会的な営みとして捉えます。共に食べたり、サービスをするという行為や現象も含まれますが、食する経験を空間との関わりとして捉え、食する記憶という意味合いを持たせています。つまり、共に食べることのみを良しとするのではなく、一人で食べる場合も、楽しさや心地良さを感じられる食の自由性や主体性を大切にして、それらを経験として積み重ね、人とつながる 'Co-' の営みとしてコト化させる食の場や仕組み、食のカタチをここでは考えてみたいと思います。

◆ 食事空間の流行

「共に食べる」と言えば、まずイメージするのは家族の食卓でしょう。キッチンは食事を単につくる場から家族のコミュニケーションの場へと変化し、今、住まいにおけるメインステージとなっています。家族が同時に揃いにくい現代では、食事だけではない多くの行為を「場」として共有できる食空間が好まれる傾向にあります。キッチンは、調理機能に集中したクローズド型よりも家族とコミュニケーションを図りやすいオープン型が好まれています。中でもアイランド型が現在の流行です。調理することもみんなで楽しめる（だろうと期待される）こと、リビングやダイニングを見渡せる空間の一体感が支持されているのです。ところが、そうするとデザイン性が大いに求められ、時として「見通せる」はイコール「まる見え」となり、片付かない台所、汚れやリビングに流れる臭気が気になる場合もあるようです。天ぷらを避け始め、焼き肉は外食でというメニューのすみ分け事情を耳にします。

加えて日常的には中食（なかしょく：惣菜や弁当など外で購入し，家で食べる食事）を利用することが多く，整った設備の中でもっぱら活躍するのは電子レンジばかりとなると本末転倒，食事を楽しむことにこだわったはずなのに，とデザイン重視のキッチンに疑問符が付いてしまいます。

♥ DK 創造物語

　ダイニングキッチン（DK）は，どのような経緯で誕生したのでしょうか。今日，日々の献立に頭を悩ませるというほどの豊かさは，戦後の台所設備の向上や食事空間の近代化が重要な役割を果たしています。

　実は，戦後間もない頃の狭小極まりない庶民住宅での日常から導かれています。当時，限られた空間で寝床を確保するために，調理場で食べていたのです。都市再生機構の前身である日本住宅公団が，食事室と台所を一体化させ，その空間に食卓テーブルを持ち込んだのが始まりとされます。それまで茶の間にあったちゃぶ台は椅子式のテーブルへ変わり，モダンライフの象徴となったDKは主婦の羨望の的となりました。高度経済成長期には，電気冷蔵庫や電気炊飯器などの家電製品やステンレス流し台も装備され，家事労働の省力化や時間短縮が実現されていきます。その後専業主婦化した女性の聖域空間となっていったのです。食事を準備する主婦とそのサービスを受ける家族という構図は，住宅が固定化させたといってもよいでしょう。手づくりへのこだわりも培われていきました。人間の食行動における最大の特色は共食と料理にあります[8]。共に語り，共同で作業する営みを食の中でどのように成立させるかについては，空間の在り方が大きな役割を担うのです。

♥ 都市のインフラとしての「Co-食」

　家族が共に生活する場は，住宅が担ってきました。1世帯1住宅という原則は，実は集合住宅の大量供給を図ったマス・ハウジング時代（1970年代）にその方向性がつくられています[9]。食事空間は，その展開の中で，だからこそ家族生活と一体化して進歩してきたのです。食事を規範性の高い家族の営

みとして，女性は自らになかば義務として課してきました（8章参照）。

住宅の発展は，外に対して閉じてきた歴史だと言われます。日常の食の場は住宅に，受け皿は家族に集約され，「家族と一緒に食べる」スタイルが食事のカタチとして固定化されたのです。食事を楽しむことを家族と共に捉えてきた（家族としか育んでこなかった）結果と言えるでしょう。世帯規模の縮小化により，一緒に食事を摂る相手やつくる人がいないなど新たな生活形態が増えている今，食べることを呪縛の一つとしないためには，一度閉じた住宅を外に向けて再度開放することが必要でしょう。そしてこの開放を受け入れる都市や農村空間には，日々の生活を受け入れる装置としての側面が求められます。食が人と人とを結びつけた社会的行為の原点であることに立ち返り，その経験を紡ぐ「Co-食」の場を，例えば1人で食べることも楽しめるよう生活を繋ぐ都市インフラとして整えることが大切と言えるでしょう[10]。

◆ （朝）食のお国事情

ところで，諸外国では朝食をどのように摂っているのでしょうか。場所に注目してみましょう。国際比較調査によると，家族が集まる機会として食事に寄せる期待は万国共通です[11]。ただ，日本では朝食を自宅で食べるのが普通ですがどの国でも同じではありません。中国では通勤や通学途中に外で済ませる人が多く，朝食を提供する屋台や個人店が早朝から街中で開店します。中国からの旅行者には，日本人は朝食をとらないのかといぶかる人もいるくらいです[12]。タイでは，毎日家族と共に朝食を摂るのは1割程度で，外食率は5割にもなります。屋台などを利用して周辺の人と一緒に食べる習慣があるのです（図1）。子育て世代が通勤ラッシュを避けるために子どもを早朝学校へ送り，子どもたちは学校で食べます[13]。留学生によると，マレーシアでも朝食の外食率は高く，近所の住人が屋台に集うとのことです。

図1　タイの朝，屋台の風景

生活を営む「場」，一般的には住宅が家族と食事を摂ることを保障していることは期待される機能ですが，これを重視しない地域や国もあるのです。

◆ 住宅外での当たり前の食と労働

では，住宅外で，ごく日常的に営まれている事例をみてみましょう。神戸市の六甲山の麓に「どんぐりクラブ」という学童保育所があります[14]。隔週土曜日は昼食づくり，ウイークデーのおやつづくりが活動に組み込まれ，メニューも，食材の購入・料理も，仲間と指導員が一緒になってこなしています。「子どもは群れて育つ」が開設当初からの方針で，生きる術としての食を日々の仲間活動に労働として組み入れているのです。児童は入所とともに，当たり前のこととして食事に関わる経験を積んでいきます。小さなナタで廃材を割る，コツを要する薪割りや果物の皮むきを抵抗なくこなす（上手下手ではなく）集団には圧倒されます。一番の花形は火起こしや火加減などに熟練を要する飯炊きで，高学年が担当します。1年生も有力な労働力で高学年とペアを組み，包丁使いを自然と身に付けていきます。教えるという技も含めてそれぞれが持ち味を発揮すればよいのです。このような活動を「めんど（邪魔）くさい」と感じる子どももちろんいますが「一緒に喋りながら」「一緒に食べられる」「教えるのが面白い」など，料理作業も食事も楽しいと多くが感じています。汚しても叱られることのない，子どもたちが主役のワクワクする「Co-食」の場が放課後の家で提供されているのです。これらの活動は，隔週土曜日に車を走らせて取り組む畑作業も含めて，親たちとの連携に支えられていることは言うまでもありません。

◆ マクドナルドに集う高齢者

マクドナルドをどのように利用していますか。マクドナルドといえばファーストフードの筆頭，「朝マック」は言わずと知れた朝食セットです。専ら若者が利用するところと思われていたのですが，2000年代初頭，高齢者が朝コーヒーを楽しむスタイルが出現しました[15]。現在ではグループで

楽しみ，また30〜40代のビジネスパーソン，子連れファミリーなど客層が広がっています。「店側が客を選ばない」「客がどんな使い方もできる」という間口の広さが評価されています。マクドナルド側もこれからの経営路線を健康や環境意識の高い消費者層の新規獲得，デリバリーサービスのデジタル化，ユーザー個人の情報などを踏まえたパーソナライズドマーケティング戦略においています[16]。世代間の交流が生まれ，パーソナル面にも機能する，街のインフラに近い「Co-食」の場となることが期待されます。

これからの高齢者はファーストフードに少なくとも親しんできた世代です。利用へのハードルは低いのです。

◆ 近未来に向けた挑戦的な取り組み

オンラインでの飲み会や食事会を経験したことがあるでしょうか。多少の不都合，物足りなさを画面越しに感じたかもしれませんが，自宅に居ながらこれまでとは違った会食を相手空間への広がりさえも感じつつ楽しむことができたことでしょう。これらは「遠隔共食」という，高齢者の孤食が社会問題となる中で，離れて暮らす高齢の親と子の繋がりに

図2　遠隔共食　〜匂いもいっしょに〜

ICT（情報通信）技術によって活路を見出そうと2000年代初頭から始まった取り組みです[17]。皮肉にもコロナ禍にあっては，空間の共有を避ける手段として一気に広がったのです。市民権を得たわけではないのですが，今，そんな新たな「空間」の創造や「時」への挑戦が情報化社会への移行の中で始まっています。バーチャル空間がそれで，拡張現実を用いた共食コミュニケーションの可能性も様々に試みられているのです。「一緒に食事を楽しむ」，時と場をリアルに共有してきたコミュニケーションに技術の進歩が変化をもたらそうとしています。匂いや味などもデジタル・AI技術によって

画面越しに共有できるなど大きな進展が見込まれそうです[18]。

技術革新がもたらす変化を，時と場を共有することに期待した"面白い"様（さま）とどのように関わらせて「食のカタチ」を創造していくのか，私たちはその主体として，関心を持っていくことが大切でしょう。

命をはぐくむ・人とつながる・暮らしをつくる

地理学者のイーフー・トゥアンは「空間」と「場所」とを区別しています[19]。「場所の獲得は，親密な時間と経験によってなされ」，生活している都市という「空間」が，愛着を持てる生活拠点としての「場所」の意味を持つには，日常性という親密な時間をともなって「経験」することを受け入れる性質のものでなくてはならないとし，人が住まう「空間」のもつ重要な機能の一つとして「経験」を導き出しています。

食に対する意味を持たせ，食する記憶を呼び起こす経験が数多く提供されることが大切です。「今」を生きる主体的な楽しい行為として，食する記憶が原風景となるのであれば，その空間を住宅に留める必要はないでしょう。未来に向かっては，技術の進歩によって新たな空間創出の可能性も出てきています。あたかも住まいの中の食事室兼リビングのように，都市空間に溶け込んだ「Co-食」の場で，自由な食のカタチを楽しみ，人と人をつなぐ豊かな経験を数多く積み重ねたいものです。

参考・引用文献

1) 小倉育代・中山伊妙子「食生活・食空間に関する研究第1報－短大生の食空間意識について－」大阪女子短期大学紀要，2003.12，第27号，pp.73-82
2) 小伊藤亜希子・岩崎くみ子・塚田由佳里「帰宅時間の遅延化が子どもの家庭生活に及ぼす影響」2005，日本家政学会誌，Vol.56，No.11，pp.783-790
3) 独立行政法人 労働政策研究・研修機構「子どものいる世帯の生活状況および保護者の就業に関する調査」2013
4) 岩村暢子『ぼっちな食卓』中央公論新社，2023
5) 松木宏美「地域における「共創共食の場」創出に向けて－地域野菜を使った料理倶楽部の中間報告－」同志社政策科学研究10巻，2008.7
6) 中村伸枝・遠藤数江・荒木暁子・小川純子・村上寛子・武田淳子「高校生の食習慣と小学

生時代からの食習慣の変化」千葉大学看護学部紀要 27, 2005
7) 足立己幸『家族と"食を共にすること"共食の大切さ』
8) 原田信男『「共食」の社会史』藤原書店, 2020
9) 建築思潮研究所編「n LDK を超えて－新しい生活形態とこれからの住宅プラン」住宅建築, 2004.6, pp.50-93
10) 小倉育代「食事に関わる意識と空間との関わりに関する考察」日本建築学会大会梗概集, 2012
11) 総務庁青少年対策本部「子どもと家族に関する国際比較調査」1995
12) 「日本人は朝食を食べないの？中国と違って「朝食屋が日本にない理由」中国メディア, 2018.6.27, https://www.excite.co.jp/news/article/Searchina_20180627005/ (2024.4.6 閲覧)
13) ジュリー・ハウデン「その他の国の朝食の実態と朝食研究の最新情報」日本栄養改善学会サテライトシンポジウム 食の科学, 1997.2
14) 小倉育代「共働き世帯が利用する食空間に関する研究学童保育の場合」日本建築学会大会梗概集, 2013
15) 「マクドナルドで朝コーヒーを楽しむ高齢者達」朝日新聞, 2006.4.26
16) 「マクドナルド店舗の客層が激変, 好調の要因…女性一人客や高齢者グループ客」https://biz-journal.jp/company/post_359630.html (2024.4.1 閲覧)
17) 未来コトハジメ「コミュニケーション技術で"孤食"問題を解決『食事を共にする楽しみ』をいつまでも演出」https://project.nikkeibp.co.jp/mirakoto/atcl/food/h_vol25/ (2024.4.6 閲覧)
18) 持続可能な生活研究会『持続可能な社会と人の暮らし』9章, 小倉育代「生活と情報」建帛社, 2024
19) イーフー・トゥアン『空間の経験 身体から都市へ』山本浩訳, ちくま学芸文庫, 1993

さらに学びたい人へ

上野千鶴子『家族を容れるハコ・家族を越えるハコ』平凡社，2002.11
家族の生活とハコ（住宅）との関わりを社会学的に捉えています。

岩村暢子『ぼっちな食卓－限界家族と「個」の風景』中央公論新社，2023.9
同じ家庭89軒の10年後, 20年後の「食卓」変化を追跡調査しています。

COLUMN 7

中学生・高校生が考える未来の生活とは！？
―「技術革新」の視点から―

宮川 駿

　皆さんは，どんな**未来の生活**を描いていますか？AIロボットが人間のパートナー的存在となり，日常生活を共にしているかもしれませんね。このような「**技術革新**」は，私たち人間にとっての便利で豊かな生活につながっている部分もあるでしょう。しかし，それを単純に追求するだけで本当にいいのでしょうか？

　このような問いかけに対して，技術革新等を加味し，上記のような未来の生活を予測した年表[1]等を使用しながら，**中学生・高校生に家庭科の授業を実施してみました**。生徒たちの反応は，「AIとの共存が楽しみ！」という期待が約3割，「便利になりすぎるのも怖い」という不安が約1割，「AIは便利だが，頼りすぎて人として最低限のことができなくなるかもしれない」という期待と不安の両方が約6割でした。また，「AIを買える人と買えない人の差が生まれるのではないのか」「便利になる分，人の必要性が薄れてしまう」「楽さを追求する時も悪影響まで考慮して選択したい」等，格差問題や人間の本質，社会への影響等にも気づきを得ており，「技術革新」という事象を多面的に捉えていました。そして，これらを通して，「未来には良い面も悪い面もあると思うので，今後の生活について考えたい」「具体的な未来が想像できたので，自分の意志を強く持って生きたい」等，生活に対する価値観が揺れ動く中で未来の生活をより具体的に予測し，自分ごととして捉えることができていました。

　変化の激しい現代において，未来の生活を正確に予測し，意思決定することは難しく，限界があると考えます。しかし，そのような状況においても，情報を多面的に評価し，一人一人が核となる「意志（考え）」を選択，決定するとともに，自己だけでなく社会等への意識を持ちながら行動することがこれからの時代において大切になってくるのではないでしょうか[2]。

　便利で豊かな生活を追求することは非常に重要であり，そのために「技術革新」は必要不可欠だと考えます。しかし，どこまでが本当に必要なことなのか，どのように「共生」していくべきなのか（with 技術革新）といったことを，「技術革新」が「手段体系」であることを意識しつつ（序章参照），様々な視点から一緒に考えてみませんか？

＜発展的キーワード＞ テクノ・リバタリアン，AIマップ，「ブータン 山の教室」

【引用・参考文献】
[1] 花王株式会社「花王ミライフスタイル年表」2020年
[2] （一社）日本家政学会 第75回，第76回大会にて発表した内容より

地球に寄り添う衣服の一生

第 7 章

谷 明日香

　私たちは，お風呂に入る時などを除き，多くの時間において衣服を身に纏っています。しかし，あなたが着ているその服は，誰が，どこの国で，どんな環境で，どれくらいの時間をかけて作られたものなのか，答えられる人はどれくらいいるでしょうか。

　例えば，「今晩はカレーだよ！」と言われて，みなさんが思い描くカレーの辛さや具材は家庭により様々だと思います。しかし，スーパーで必要な具材を揃え，家で食材を切って煮込んで完成する…というプロセスはイメージできるのではないでしょうか。一方，衣服はどうでしょう。布（素材）を購入し，縫製して仕上げるというプロセスを目にする機会はほとんどなくなりました。そのため，衣服が何からできていて，なぜその価格なのか判断することを忘れ，衣服の購入基準の大部分が低価格であることになっている人も少なくないのではないでしょうか。

　ここでは，衣服のライフサイクルフロー（素材・製造・販売・使用・廃棄・再生）の流れを見つめながら，地球に寄り添う衣服の一生について考えていきたいと思います。

◆ 身近な環境としての衣服

　アフリカで誕生したとされる私たちの祖先は、どのようにして地球の広範囲に生活領域を広げることができたのでしょう。私たちの祖先は、全身の多くを体毛で覆われていましたが、次第に体毛を失い、代わりに体表全体に汗腺を得て、発汗による体温調節を可能にしていきます。その後、気候条件の変化により、寒さへの対応から狩猟で得た毛皮を身につけるようになります。さらに、農耕社会になると、身近な作物や家畜から得られる天然繊維を撚って糸を紡ぎ、最初は紐や網、そして糸と糸を交錯させた織物、糸をループにして連結させた編物、布から衣服へと工夫して皮膚の上に重ねるようになります。このようにして、皮膚の上、体の外側に被服を重ねることで局所的な気候（衣服内気候）を作り、快適な環境を調節する道具としての衣服が発展したといわれています。各国に民族服が存在するのは、その土地の気候風土に適するように衣服の形態が変化したことによるものと考えることができます。さらには、社会で文化を形成する中で、衣服の着装は身体を保護する生理的役割や文化や社会習慣、所属を表す社会的役割、羞恥心や生活活動の意識、自己表現といった心理的な役割など複合的に関与しながら、今日的な私たちの衣服へと進化しています。

◆ ファッション産業の構造と変化　一から〇にするために

　植物繊維である綿は、土から芽を出し、開花後、子房が膨らみ蒴（さく）を形成し、コットンボールを実らせます。私たちは、そのコットンボールから繊維を採取し、衣服にします。動物繊維である絹は、蚕が吐糸して（その長さおおよそ1.3km!）形成した繭から絹糸を得て、衣服にします。植物や動物から生成されたものを身につける行為は、実になった果実を食する行為と似ているなと思います。そう考えると、食事をする際に「いただきます！」と言うように、衣服を購入（着用）する時には言わずとも「いただきます！」の気持ちを忘れてはいけないのではないかと思います。そして、このことは、着用後の衣服にもいえます。このような話を講義でしたときに、ある学生は

次のように表現してくれました。「私は，ご飯を残すことがありません。作ってくれた母やお店の人に申し訳ないと思うからです。でも，衣服は値段で選び，妥協して購入した結果，あまり気に入っていないので，別の服を買ってしまうことがあります。そして，簡単に捨てます。服も同じように作ってくれた人がいると考えると簡単に捨ててはダメだと思いました。」

今，衣服のリサイクル率はペットボトルのそれに比較し非常に低く，1年間に約9200万トンもの衣服が廃棄されています[1]。このように，多くの廃棄衣服（新品も含む）が可燃ゴミや不燃ゴミとして捨てられていることが社会的課題さらには環境問題となっています。その理由として，図1に示す通り，これまでのファッション産業の構造が一直線（リニア型）であったことが影響しています。これからのファッション産業は，流通の過程に透明性をもって循環させ（サーキュラー型），新たな価値を見出していく必要があります。

しかし，このような循環する構造が確立されることで，大量生産・大量消費・大量廃棄という現代的な問題は解消されるのでしょうか。もしかしたら，リサイクルされるから大丈夫！といって，私たちの意識は変わらない…ということも想像することができます。そのため，この循環の構造に透明性をもたせ（トレーサビリティ），作り手にその労働や技術，時間に対する健全な対価が支払われ，買い手もその価値に見合った価格を支払うという可視化された循環が構築されることが大事になってきます。例えば，デザイナーの皆川明さんは，「大量生産・大量消費・大量廃棄と言葉が続くと否定的な意味で使われることが多いが，一定の安定した量で長く作り続けた結果が大量生産になっていくということは，工場を守ったり，一つのデザインを生活の中で長く使い続けてもらうという意味でとても大事なこと。」と述べています[2]。1アイテムや1シーズンといった短いスパンで考えようとせず，長期的視野をもって考えることも解決の糸口になるのかもしれません。商品の低価格化やファッションサイクルの短縮化が製造業に負荷をかけてきた過去（例：バングラディッシュの縫製工場の事故[3]）から学び，労働のあり方や環境問題を含め，ファッション産業の構造が見直されつつあります。

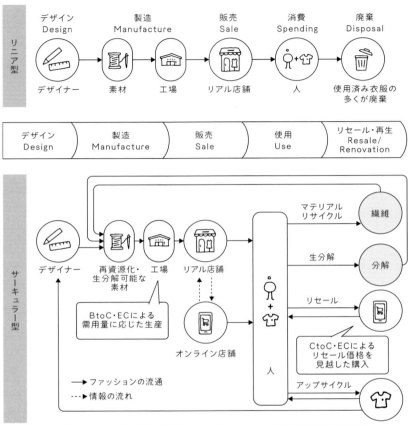

経産省(2022),「ファッションの未来に関する報告書」,これからのファッションを考える研究会より筆者編集

図1　ファッション産業の構造[1]

🔶 循環する衣服

① 販売・使用

　2020年に世界的に震撼させたコロナ・パンデミックの影響は，ファッション産業も例外ではなく，EC（Electronic Commerce，電子商取引）販売の普及の追い風になったといえます。衣服はリアル店舗で購入するほか，ECサイトでの購入，さらにはそれらを融合させたOMO（Online Merges with Offline）

型店舗が導入され始めています。これは，EC販売で購入した商品が思っていた質感やサイズと違った？！ということのないようにリアル店舗での試着が受けられるというECサイトのサービスです。また，ファッション業界にもシェアリングエコノミーやサブスクリプションサービスが広がり，消費者の購入の手段は広がりました。経済産業省の調査によると，衣類，服飾雑貨などのB to C-EC（消費者向け電子商取引）の市場規模は，2021年に前年より9.35%増加し，2022年にはさらに2021年より5.02%増加と年々拡大しています[4]。このことは需要予測や受注生産を可能にし，その結果，適量生産もしくは廃棄抑制に繋がることが期待されます。

②リユース・リセール

　リユースやリセールの市場も増加傾向にあります。リユース市場は，2022年で約2兆9,000億円の規模へと右肩上がりに上昇中です（図2）[5]。また，リセール市場（商品の再販売）もC to C-EC（個人間商取引）市場で急速に拡大しています。例えば，30,000円のコートも20,000円でリセールが可能であることを事前に調べて購入することで，数回の着用後にリセールするとおおよそ10,000円で着用できたことになります。このような，リユースやリセー

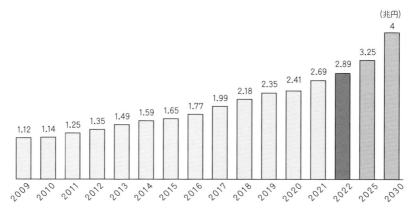

リユース経済新聞が2009年から行っている調査の変遷。
30年には国内で4兆円規模市場になると見込む（出典/リユース経済新聞）

図2　リユース市場の推移と予測[5]

ルは，価格だけでなく，今は手に入らないといった時間的価値や使い手の生き様，想いも含めたストーリーが価値となり価格となります。そして，それを含めて何を選ぶかということが自己表現であり，ファッションの新たな楽しみ方になるかもしれません。

③再生

　近年，企業・学校または個人など様々なところで，繊維製品のアップサイクルが行われています。アップサイクルとは，もう一度廃材を見直し新たな付加価値を加えることを意味します。図3は，大学生がカーテン生地の廃材からアップサイクルをしたエプロンです[6]。カーテンの防炎加工の機能（安全性を付与した高機能性素材）を活かし，年間100名前後の方が着衣着火により命を落としている事実[7]やその危険性を伝えるメッセージを込めて製作されました。このように，その素材自体の特性やその特性をどのように活かされたのかといった商品の裏側にあるストーリーも含めて付加価値となり，作り手の想いと使い手の想いが交錯することもアップサイクルの魅力といえます。

　一方で，新しい機能が付与された高機能性素材は繊維の原料に機能材を混ぜて繊維化したり，繊維や糸，布などいずれかの段階で表面に新たな機能を付与して加工されます。リサイクルをするためには，そのまま廃棄される繊維製品を原材料とし，別の材料へ生成し直します（マテリアルリサイクル）。この場合，廃棄物が資源となり，原料として新たなものへと循環させていくことができます。例えば，企業では，回収した中古衣料を粉砕し，引っ掻いてワタ状の反毛にし，新たな製品の原料としているところもあります。しかし，

図3　カーテン生地からアップサイクルしたエプロン

複数の素材を組み合わせて作られる衣服を素材ごとに回収するのは難しく、さらに色も様々であるため、でき上がった反毛は素材も色も混在したものとなります。そのため用途は限られ、反毛後、シート状にフェルト化された廃材は、自動車のシートの内側や防音素材として用いられることが多くなります。反毛したものを再び衣服にするためには、単一素材に限定して回収できればよいのですが、繊維が単一素材であっても、衣服にはボタンやファスナー、品質表示タグなどの副資材などが付随しているものが多く、それらを分別することはペットボトルのキャップやラベルのようにはいきません。企業の中には、回収した中古衣料から反毛にしたものと新品の綿もしくは毛などとブレンドして紡績することで品質や価格の調整を行い、資源として循環させる工夫をしている企業もみられます。

◆ 命をはぐくむ・人とつながる・暮らしをつくる

　衣服を土に埋めたらどうなるだろう…。
　古着の最終処分場化しているというガーナでは、リサイクルで回収された低質な衣服が1週間で1500万着届き、半分がゴミになっており、埋め立て処理されるも生分解されず、環境汚染を引き起こしています[8]。図4は、衣服によく用いられている素材（綿・毛・レーヨン・アセテート・ポリエステル・ナイロン）を土に埋めて観察した生分解性実験の結果を示しています。実験は、気温が徐々に上昇し、微生物が活性化してくる3月中旬から開始し、5月まで実施をしました。その結果、土に埋めて7週目で、レーヨンは原形を留めず、各種素材の中で最も生分解が進み、その重量減少率は89.6％となりました。表に示す通り、レーヨンは化学繊維ではあるものの、原料の木材パルプを溶解して紡糸した再生セルロースであり、綿より結晶性が低いことから分解速度が速かったのだといえます。一方、ポリエステルやナイロンといった石油由来の合成繊維は、全く分解されていません。ビニール袋を土に埋めているのと状況は似ています。このように、同じ期間、土に埋めていても衣服の素材によって分解速度が異なることや全く分解されない素材もあることがわかります。私たちは、店頭に設置されたリサイクルボックスに古着

表 繊維の分類

天然繊維	植物繊維 主成分：セルロース		綿
			麻
	動物繊維 主成分：タンパク質		毛
			絹
化学繊維	再生繊維	木材パルプやコットンリンターなどのセルロースを薬品で溶解し、再生した繊維	レーヨン
			キュプラ
	半合成繊維	セルロースの一部を化学変化させて原料にした繊維	アセテート
	合成繊維	石油由来の化学物質から合成させて原料にした繊維	ポリエステル
			ナイロン
			アクリル

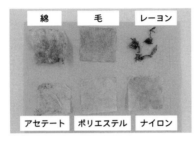

図4 各種繊維における生分解性の違い
（実験開始7週間後の様子）

を入れることで、リサイクルをしている気分になれますが、リサイクルのその先で本来の目的とは異なり環境汚染に繋がっている場合がある事実に触れると、根本的な問題解決に至っていないことに気づかされます。

2022年1月、世界に先駆けてフランスが売れ残った新品の衣類を企業が焼却や埋め立てによって廃棄することを禁止する規制を施行しました。これは、衣類の売れ残り品をリサイクルや寄付によって処理すること義務付けたものです。違反した場合は罰金が科せられます。日本にも家電リサイクル法があり、洗濯機や冷蔵庫を処分する時にリサイクル料を支払います。これを衣服にも当てはめることができるかもしれません。少なくとも、アパレル企業は、自然に還すことができる、もしくは、再利用への道筋が確保されている素材を衣服の企画・製造段階で素材として用いるということを考え始める時期に来ています。そしてそれは、企業や国だけに任せる問題ではありません。私たちは、先人たちがそうしてきたように、現代の社会や環境に合わせ、文化として新たな衣服を考え、進化させる新たなステージに直面しています。

私たちは，情報社会の中で流行を素早く入手・伝播することができるようになり，多様な衣服を安価に入手することが可能になりました。一方で，生分解性や再資源化といった衣服がもつ持続可能性よりも着用時の自己表現を優先させて衣服を選択する人も増えているように思います。着装することが当たり前となったこの時代だからこそ，衣服の前後，つまり，どこで誰が作っているのか，着用後はどのように処分，再利用されるのかなど，広い視野をもって衣服の一生をとらえていく必要があるのではないでしょうか。

参考・引用文献

1） 経産省 これからのファッションを考える研究会「ファッションの未来に関する報告書」https://www.meti.go.jp/shingikai/mono_info_service/fashion_future/pdf/20220428_2.pdf（2024.3 閲覧）
2） NHK ACADEMIA 皆川明，2022.11.22 放送，https://www.nhk.jp/p/ts/XW1RWRY45R/episode/te/GNWVV6ZL8J/（2024.5.4 閲覧）
3） DVD「ザ・トゥルー・コストファストファッション 真の代償」監督：アンドリュー・モーガン
4） 経済産業省「電子商取引に関する市場調査の結果をとりまとめました」
https://www.meti.go.jp/press/2023/08/20230831002/20230831002.htm（2024.5.4 閲覧）
5） リユース経済新聞「リユース業界の市場規模推計 2023（2022 年版）」
https://www.recycle-tsushin.com/news/detail_8811.php（2024.5.4 閲覧）
6） （一社）日本繊維機械学会・繊維リサイクル技術研究会「私たちのSDGs」実行委員会（エンウィクル）『報告書「私たちのSDGs2023」〜繊維製品の循環をめざして〜』
https://www.tmsj.or.jp/labo/recycle/images/231113.pdf（2024.5.4 閲覧）
7） 消費者庁「（別添）着衣着火に関するデータ等」https://www.caa.go.jp/policies/policy/consumer_safety/caution/caution_055/assets/consumer_safety_cms205_211117_02.pdf（2024.5.4 閲覧）
8） BBC News Japan「ファストファッションの末路……不必要になった衣服の埋め立て地」
https://www.youtube.com/watch?v=kK9y_RtYWhM&t=92s（2024.5.4 閲覧）

さらに学びたい人へ

前川善一郎『細くて長い形の文化』幻冬舎ルネッサンス，2024
「細くて長い形」について，人類の起源から衣・食・住の生活，さらには文字や楽器といった情報にいたるまで歴史や文化とともにまとめられた書籍です。

中村和代・藤田さつき『大量廃棄社会 アパレルとコンビニの不都合な真実』光文社新書，2019
記者の取材に基づき「大量廃棄社会」の実情とそれを改善する取り組みをまとめた書籍です。

COLUMN 8

家庭科教育の可能性　　　詫間千晴

　みなさんは「家庭科」と聞くと，どのようなイメージをもちますか？多くの人は，調理や裁縫といった，生活を営む上で必要な技能を習得する教科という認識があるかもしれません。私が高校教員として家庭科を指導していた時も，生徒たちからそのような教科観が出てくることがありました。果たして，家庭科の学習はそれだけなのでしょうか？

　赤塚氏[*1]は，家庭科の学びが，高等学校の基礎学力の総体との関連が深いことを明らかにしました。多くの教科と関わりをもつ家庭科の学習により，生徒は広い視野を獲得し，主体的な課題解決力を向上させることができると述べています。その他にも，家庭科の特性として，他教科の知見を活かした社会全体に関わる問題解決を目的としていること[*2]，他教科で習得した能力を活用・発展させる学際的な教科であること[*3]等が挙げられます。このように，家庭科には，**他教科での学びを自己の生活に結びつけ**，生活を総合的に捉え直すという役割もあります。例えば，エネルギー問題を共通テーマとして，「物理基礎」でエネルギー変換の仕組みや各発電方法のメリットとデメリットを，「現代社会」で海外や日本の原子力発電に対する情勢を学習し，「家庭基礎」で生活者としてエネルギー問題に貢献できることを考える授業を構想した研究もあります[*4]。

　現行の学習指導要領の中では，カリキュラム・マネジメントが明示され，教科等横断的な視点で指導を行うことが求められています。児童生徒の立場から考えると，それぞれの教科の学習が結びつく瞬間は，パズルがピタッとはまる感覚になり，**知的好奇心**がくすぐられるのではないでしょうか？また，物事の関連性に気づくと，他の事象ではどうか？他の場面ではどうか？など，**探究心**が芽生えるのではないでしょうか？

　みなさんも，21世紀における家庭科教育の可能性を一緒に考えてみませんか？

＜発展的キーワード＞　教科観，カリキュラム・マネジメント，教科等横断的

【引用・参考文献】
*1 赤塚朋子（2014）「シリーズこれからの家庭科教育6家庭科の可能性」日本家政学会誌65(6).53-58　*2 菊池章編（2021）『学びを広げる教科の架け橋 教科架橋型教科教育実践学の構築』九州大学出版会　*3 渡瀬典子・倉持清美・萬羽郁子・藤田智子編著（2023）『初等家庭科教育法－気づく・考える・実践する力をはぐくむ授業づくり』　*4 森千晴・鈴木明子（2021）「中等家庭科教員養成における教科観構築のための方略—3教科の模擬授業への参加による教科観の変容—」日本教科教育学会誌44(3).53-63

食卓での
家族団らんの
歴史と今後

第 8 章

　「家族」と聞くと食卓を囲む姿を思い浮かべる人が多いでしょう。「食卓での家族団らん」は古くから日本に伝わる伝統文化と思いがちですが，実は，第2次世界大戦後の豊かになった社会に広まったものなのです。食卓での家族団らんが，いつ，どのように普及したのかを考えます。

　おいしいものを楽しく食べることは幸せにつながりますが，今，家族規模が縮小し，家族の生活が忙しくなって個別化したために，食卓を囲んで団らんすることが難しくなっています。共働きが当たり前の家族であるにもかかわらず，家事の負担が女性に偏っています。食事作りは女性や母親だけが担うべき仕事でしょうか。食卓での団らんをどのように継続していくか，ジェンダーの視座も含めて考察していきましょう。

表 真美

図1　文部科学省『心のノート』中学校（2002）

🔶 団らんとは？

　もともと「団らん」とは，「まるい」という語源から「集まって車座にすわること」の意味が生まれ，「集まってなごやかに楽しむこと，親密で楽しい会合」の意に発展したものです。「団らん」というと食卓を囲む家族の姿を思い浮かべる人が少なくありません。「家族で共にする食卓は，共に生きるということを感じさせる」といわれ[1]，『サザエさん』や『ちびまる子ちゃん』に描かれる家族が食卓を囲んで談笑する姿は，現代人の憧れです。

　文部科学省が作成した子育て本『家庭教育手帳』では，「一緒に食べるってとても大切」として，家族で食卓を囲むことの重要性が語られます[2]。文部科学省による道徳副読本『心のノート』中学校版には，学習指導要領の家族に関する内容に準拠した4ページの中に3つもの家族の食卓の挿絵が登場しました（図1）[3]。いじめ，不登校，少年非行などの青少年の問題は，家族の問題と結び付けて論じられています。中央教育審議会答申ではたびたび「家族一緒の食事」の大切さが語られ[4]，幸せのシンボルである家族の食卓は，子どもをめぐる様々な問題を解決する手段としても期待されているのです。

🍢 食卓での家族団らんはいつ始まったのか？

しかし，第2次世界大戦前は食事中に喋ってはいけないという躾がされていたのをご存じでしょうか。さらに，農林水産業で生活を支えていた庶民は，働くために食事に家族が集まる時間をつくるのが難しく，ダイニングルームのような食住分離型ではなかったため，狭い部屋に家族全員が一堂に集まることができなかったという背景もありました。食事の内容も，今のように複数のおかずがあるわけではなく，粗末なものでした。皆，生きるのに精一杯で，盆と正月以外の日常の食事は働くための糧，楽しむ余裕などなかったのです[5]。明治・大正・昭和を生きた高齢者を対象とした聞き取り調査でも，食事中に家族で集まって楽しく会話するようになったのは，第2次世界大戦後にダイニングテーブルが普及して以降，ということがわかりました[6]。

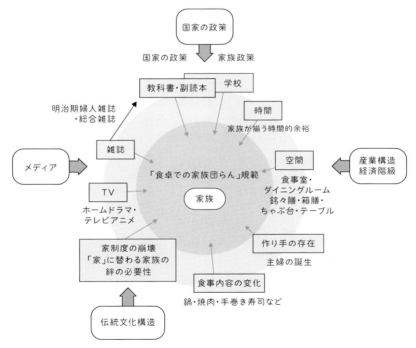

図2 食卓での家族団らんに影響を及ぼした要因

それでは，どのように食卓での家族団らんが実現したのでしょうか。図2に家族の食を取り巻く要因を示しています。まず，図2右側の産業構造・経済階級に関しては，大正期から戦後の高度経済成長期にかけて，産業構造の変化により雇用者が増加しました。生活時間が規則的になり家族が集まる時間的余裕ができました。人々の生活は豊かになり「ダイニングキッチン」も普及して，家族は一堂に会することができる空間と楽しむことのできる食事を手に入れました。このような営みは6章にも述べられていますので，合わせてお読みください。加えて，雇用者を支えた「専業」主婦の誕生も大きな理由です。食卓での家族団らんには「お膳立て」をする立役者が必要でした。

重野安繹『尋常小学校修身』
（1882・明治25）「謹慎」

文部省『尋常小学修身』（1905・明治38）「家庭の楽」

文部省第Ⅲ期 『尋常小学修身書巻一』
（1918）

文部省第Ⅴ期尋常小学校修身書
『ヨイコドモ上』（1941）

図3　修身教科書の変遷

💭 食事中は団らんすべきという規範はどのように形成されたか？

　これ以前に、「食事中は家族で楽しく団らんすべき」という意識が人々の間に広がりました。図2上部の「国家政策」としては学校において教育が行われ、左側の「メディア」では戦前は婦人雑誌や総合雑誌、戦後になるとホームドラマやテレビアニメで家族が楽しくちゃぶ台の周りに集まって団らんしている姿が影響を及ぼしました。また、第2次世界大戦後、「家制度」が廃止された際に、それに替わり家族を繋ぐ道具として「食卓」が求められたと考えられます。

　私が行った研究では、教育やメディアがどのように人々の意識に影響を及ぼしたかを、家事科（戦前の女子向け教科）・家庭科教科書、修身教科書・道徳副読本、および創刊から明治29年までに刊行された婦人雑誌、総合雑誌、明治30年から45年に刊行された婦人雑誌の欠本を除くすべての号を研究資料として調べました。その結果、①「食卓での家族団らん」は明治20年代初頭に欧米から移入され、キリスト教思想に基づく近代的家庭論の中で醸成されたこと、②その後、家事科の教科書においては、家族共有の時間、空間など構造的要因の強調と、食事の精神的意義の強調により、家族の融和を導こうとしていたこと、③幸せな家族の表象となっている「食卓での家族団らん」は、日本においては、国家が作りあげて国民にうえつけてきたイデオロギーであること、④さらに近年には再び食卓での家族団らんイデオロギーが強められつつあることが明らかになりました[7]。主婦になる女性が家事科の時間に食卓での家族団らんの重要性について教育され、意識を高めたのです。

　また、明治から昭和戦前期までの小学校における必修教科である「修身科」の教科書では、文部省が作成して必ず使わなければならなかった「国定教科書」において、食卓での家族団らんが推奨されていました。国定期前の民間が作成した教科書では、「謹慎」（親に感謝して行儀よく食べなさいといった意味）との徳目で、家族全員緊張した面持ちなのに対し、国定Ⅰ期には、徳目が「家庭の楽しみ」となり楽しげな雰囲気なのが、図3からは見て取れます。国定教科書では特に戦時中の第Ⅴ期に、ページ数や字数が増え、食卓での家族団らんが強調されたのがわかります。

◆ 食卓での家族団らんは効果があるのか？

 とはいえ，家族そろって会話をしながら楽しく食事をすることは，様々な利点があることが内外の研究により明らかです。ここまでは日本のことを述べてきましたが，外国に視野を広げてみましょう。

 アメリカにおいて「家族一緒の食事」は，健全な食生活を促進する食べ方として，盛んに推奨されています。ハーバード大学教育大学院のホームページには，次のような記述が見られます。「20年以上にわたる数十の研究により，家族の夕食は身体の健康，脳と学業成績，精神や精神的な健康に良いことが実証されており，栄養の面では，心臓血管の健康は10代の若者に効果があり，家庭料理には脂肪と砂糖と塩分が少なく，それほど頑張らなくても果物，食物繊維，野菜，タンパク質が多く含まれており，カロリーも低くなっています。家族で夕食をとって育った子どもは，より健康的な食事をし，肥満率が低い傾向があります。そして，メンタルヘルスのメリットは信じられないほどです。定期的な家族の夕食は，うつ病，不安，薬物乱用，摂食障害，タバコの使用，10代前半の妊娠率の低下，心理的回復力と自尊心の上昇と

表1　家族での食事のヒント

期待	自尊心を育てる
家族で夕食をとる目的は，家族によって異なる場合がある。ある家族では，親が教えたい最も重要なことはテーブルマナーかもしれない。別の家族では，お互いにコミュニケーションをとること，聞く方法を学ぶこと，お互いを尊重することを学ぶことかもしれない。専門家によると，子どもは少しずつ学ぶ必要がある。夕食の時間が子どもにとって一日の中で楽しい時間であれば，子どもは座り方を学び，「今日はどうだった？」「今日一番良かったことは？」と言うようになる。	夕食は，子ども達の自尊心を育てる絶好の機会。子ども達の言うことに耳を傾けることで，あなたはあなたのしていることを高く評価しています。あなたがどんな人で，何をしているのかを尊重しています。あなたのしていることは私にとって重要である。」と言っているのである。食事の時間は，機会と見ることも，雑用と見ることもできる。機会と見なせば，様々な可能性が生まれる。雑用と見なせば，可能性は生まれない。
コミュニケーション	座席
夕食の時間は，日々の喧騒から逃れる時間。家族は過ぎた一日を振り返り，次の日の計画を立てることができる。	親は子ども達に自分の席を選ばせるべきである。お気に入りの席をめぐって争いになったら，平和的に争いを解決するとよい。
模範を示して教える	家族の関係
母親だけが食事の準備，配膳，食器洗いの責任を負わないように，仕事を分担する。食事，育児，片付けといった家事や喜びは共有する必要がある。家族を当惑させたり，屈辱を与えたりするようなことは話さない。子ども達が話し合いたい特定のテーマには，より思いやりや，より個別の傾聴が必要になるかもしれない。それ以外に，タブーな話題はよくない。	片方の親が，もう一方の親を騒々しい食事から守るつもりで，早めに子どもに食事を与えることがある。しかし，これは実際には，不在の親を家族の関係から孤立させ，距離を生み出す可能性がある。スケジュールの衝突は避けられないが，定期的な家族の食事の時間を作ることで，家族の関係を強化できる。

スタンフォード大学ホームページより著者作成

関連しています。」そして「定期的に夕食をとる家族が増えたら,家族療法士は廃業するかもしれない。」とまで言っています[8]。また,スタンフォード大学のホームページにも,親は家族での食事の時間をどのように運営すべきかが,具体的に述べられていました（表1）[9]。

日本でも,家族の食事を楽しいと感じる子どもは心身の健康状況が良く,意欲的との研究成果が複数みられます[10]。

❤ 食事作りは女性の仕事か？

最近,大活躍の日本人メジャーリーガーが結婚報告をした際,記者会見では「妻の手料理」が話題になっていました。「女性はこうあるべき」といったジェンダー意識が強い日本では,このような光景は当たり前のことですが,果たして食事作りは女性だけの仕事でしょうか。2022年の厚生労働省「国民生活基礎調査」によると,18歳未満の子どもがいる世帯の母親の就労は75.7％であり,共働きは一般的なライフスタイルとなっています。戦後の食卓での家族団らんの実現には「専業」主婦が少なからず役割を果たしたことを先に述べました。女性が働くようになった今でも依然男女の家事時間の隔たりは大きく,2021年の総務省「社会生活基本調査」では,6歳未満の子どもを持つ夫・妻の家事時間は妻約3時間なのに対し,夫は30分でした。日本男性の家事時間は欧米と比較すると著しく短くなっています。食事は毎日複数回行うものなので,家事時間の中では「食事の管理」の時間が最も大きな割合を占めます（社会生活基本調査）。日本の女性は大きな負担を強いられているのです。フランスの社会学者デボラ＝ラプトンは『食べることの社会学』の中で「女性が多くの家事に加えて食事の準備もしなければならなかった結果,社会参加が阻まれてきた」と述べています[11]。欧米諸国と比較して日本の女性の地位が低いことは,先に述べたような社会の風潮と,毎日の食をととのえなければならないという女性自身の強い気持ちが一端を担っていると言っても過言ではありません。

◆ 命をはぐくむ・人とつながる・暮らしをつくる

　2020年の総務省「国勢調査」では，平均世帯員数が2.21人。単独世帯が全体の38.1％となりました。65歳以上の高齢者がいる世帯は全体の40.7％，そのうち単独世帯は29.6％です。特に一人暮らしの高齢者や親一人子一人の一人親家族は，本来の意味である「車座に座って語り合う」という「団らん」が難しくなっている状況がうかがえます。食事というのは，人間の命に関わる行動であり，おいしいものを楽しく食べることは幸せにつながります。そのため，新しい共食（家族や仲間が食卓を囲んでコミュニケーションをとりながら食事をすること）のかたちや，団らんのかたちを模索していく必要があります。近年数を増やしている「こども食堂」もその一つでしょう。

　また，精神科医の香山リカさんは，心の病，トラブルを抱えた人たちが回復に向かうかどうかの決め手になるのは，家庭科で教えている「生活力」だ，と述べています。簡単な調理を一人で行えることは，何かあったときには死活問題にまで発展することもある，と言います[12]。小学校5年生から高等学校まで，男女必修で教えられている家庭科は，このような「一人で生きていく」ための基本的な知識・技能を身に付けることができるのです。現在，コンビニやインターネット販売などでも，加工食品が簡単に手に入りますが，調理技能は災害時にも役に立ちますし，先にも述べたように家庭で調理した料理の方が栄養的に優れていることが実証されています。かつて高等学校の家庭科は女子のみ必修でした。家庭科を学ぶ機会を奪われた世代の男性が妻に先立たれ，生活の自立に悩むという話をよく耳にします。家庭科は受験科目ではないので軽視されがちですが，高等学校の家庭科の教科書を見返してみて下さい，生きるための百科事典であることがわかります。

　そして，男性も女性も子どもも，家族全員で家庭の食を支えることが，これからの食卓での家族団らんに最も重要なことです。もちろん手作りする知識や技能があっても外食やお惣菜を買うこともあるでしょう。良い商品を選び，好ましくない商品に批判を向けることも大切です。家庭科の領域である「消費者教育」の学びが商品選びに役立ちます。さらに，家族だけでなく，地域での支えあいにも目を向けて下さい。「家政学」は，そのような家族，

地域が支えあう社会を作ることを目標の一つとしています。

参考・引用文献

1) 河合隼雄『縦糸横糸』新潮社，2003，p.212
2) 文部科学省『家庭教育手帳　小学生（低学年～中学年）編　ワクワク子育て』2004
3) 文部科学省『心のノート　中学校用』2002
4) 中央教育審議会「新しい時代を拓く心を育てるために（答申）」1998，中央教育審議会「食に関する指導体制の整備について（答申）」2004
5) 表真美「大正期における食卓での家族団らん：『主婦之友』と個人生活史から」『家政学原論研究』43，2009，pp.11-21
6) 石毛直道・井上忠司編『国立民族学博物館研究報告別冊　現代日本における家庭と食卓－銘々膳からチャブ台へ－』1991，p.16
7) 表真美『食卓と家族－家族団らんの歴史的変遷』世界思想社，2010
8) Harvard Graduate School of Education "The Benefit of Family Mealtime" https://www.gse.harvard.edu/ideas/edcast/20/04/benefit-family-mealtime
9) Stanford Medicine Children's Health" Why the Family Meal Is Important" https://www.stanfordchildrens.org/en/topic/default?id=why-the-family-meal-is-important-1-701(2024nenn (2024.8.8 閲覧)
10) 表真美「家族の食事の共有が子どもの生活態度に及ぼす影響」『日本家庭科教育学会誌』50（2），2007，pp.135-141，表真美「家族の食事と子どもの自尊感情・登校忌避感・心身の健康」『京都女子大学発達教育学部紀要』5，2009，pp.81-90
11) Lupton.D 原著『FOOD, THE BODY AND THE SELF 1st Edition』1996，無藤隆・佐藤恵理子訳，『食べることの社会学〈食・身体・自己〉』新曜社，1999
12) 香山リカ「今になって知る家庭科, 技術・家庭科の大切さ」『KGK ジャーナル』開隆堂，43(4)，2008

さらに学びたい人へ

表真美『食卓と家族－家族団らんの歴史的変遷』世界思想社，2010
「食卓での家族団らん」はどのように意味づけられてきたのか，言説の初出，歴史的変遷をたどり，今後の家族団らんに関する教育の在り方について考察した著書。

表真美『家庭と教育　子育て・家庭教育の現在・過去・未来』2012
子育てや小中学生の生活実態の調査から，今後の子育て，家庭教育の在り方を探った著書。

COLUMN 9

なぜ「選択的夫婦別姓」は認められないのか

吉井 美奈子

　日本では、結婚すると夫婦は「同じ姓」になることが**民法**という法律で決められています。これは先進国の中でも珍しいうえ、95％以上の夫婦が「夫の姓」を選択しています。95％の妻は結婚と同時に、姓を変更していることになります。

　1995年より前から、日本でも「選択的夫婦別姓」を認めようという意見が出て、議論がされるようになりました。しかし、民法を改正する立場にある国会議員の間では反対意見が根強く、約30年経っても別姓は選べません。

　「**選択的夫婦別姓**」は、夫婦が**婚姻**する際に、夫婦が望めば、夫婦それぞれが婚姻前の姓（氏）を名乗ることを認める制度です。現在の民法では、「夫婦どちらかの姓（氏）」を選べばいいとしながらも、ほとんどの女性（妻）が改姓している現状を考えると、改姓を望まない女性や、改姓をした男性はマイノリティとして扱われます。また、日本では姓（氏）で呼び合うことが多く、改姓によって日常・職業生活上で、かなり不便・不利益を被ったり、アイデンティティ喪失につながったりすることなども指摘されています。

　2021年度に内閣府が行った世論調査では、"男性"より"女性"が、そして"70歳以上"よりも"若い世代（特に18から49歳）"が、「選択的夫婦別姓制度を導入した方がよい」と回答していました[*1]。しかし、法律を議論する国会議員は、回答者とは真逆の人たちが多く、その方々の国民のニーズに共感する心に期待するしかありません。加えて、反対する国会議員の意見として、「別姓を認めると家族の絆が薄れる」等の意見があります。一方、国会議員のほとんどは改姓をしたことが無く、たとえ改姓しても旧姓が不便なく使用できる立場にいます。

　改姓をしたことでの不便を減らすため、旧姓使用の拡大や旧姓併記を可能にする動きはありますが、結局旧姓を使用できても、戸籍姓を求められることがほとんどで（特に金銭的なところでは）、ダブルネームを使い続ける負担が増えるだけ、になります。どうしても別姓にしたい夫婦は、事実婚や結婚しない選択をすることがあります。同姓を選択しなければ結婚できないという法律について、そして選択的夫婦別姓制度について、皆さんはどのように考えますか？

＜発展的キーワード＞海外の婚姻制度、改姓による弊害

【引用・参考文献】
*1 令和3（2021）年「家族の法制に関する世論調査」内閣府

住まいの権利を考えよう

第 9 章

"There's no place like home"（わが家にまさる所なし）ということわざがあります。どこに行っても最後に帰りたくなるのはわが家、一番よいのはわが家だ―そんな風に思うのは万国共通なのかもしれませんね。

そして home（ホーム）という言葉からは、建物としての住宅に加えて、そこで暮らす人々の営みである「家庭生活」が思い浮かんできませんか？ホームレスとは、住宅とともに家庭生活を失っている状態ではないでしょうか。そうすると、住宅（house）があったとしても家庭生活（home）にあらゆる問題を抱える現代の日本は、実はホームレス大国なのかもしれません。

本章では、家庭生活に影響を与える居住の問題を解決する際に拠り所となる「適切な住まいに住む権利」について、みなさんと共に考えます。

宮崎 陽子

◆ もしも家がなかったら

「もしも家がなかったら」—あなたはこれまでに考えたことがありますか？毎日家の中でどんな行動をしているでしょうか。ご飯を食べる，家族と語らう，お風呂に入ってゆっくり眠る，好きな姿勢でくつろぐ…。普段，当たり前のようにしている生活行為は，空間があってこそできるものですね。

では，風雨や寒暑をしのぎ生活行為ができるならどんな空間でもよいのでしょうか。外出先から帰宅したとたんにホッとする感覚は，おそらく誰もが経験しているはずです。つまり，私たちには自分らしく過ごせる空間としての「住まい」が必要なのではないでしょうか。しかし近年，その住まいを失うという状況が，誰にでも起こりうる身近な問題になっています。

◆ 職を失い住まいも失う

2007年頃から「ネットカフェ難民」という言葉が登場し，社会問題として注目されました。職業を失うと同時に住まいも失い，インターネットカフェやファーストフード店などで寝泊まりをする人々の存在が明らかになったためです。このような「貧困ゆえに居住権を侵害されやすい環境で起居せざるを得ない状態」を「ハウジングプア（居住の貧困）」といいます[1]。

企業のグローバル化に伴って労働市場の規制緩和や自由化が進み，パートタイム労働者や契約社員などの非正規雇用者が増えました。こうした不安定な就労環境でのワーキングプア（働いて収入を得ても収入水準が低く，生活していくことが困難な人々）の増加がハウジングプアの背景にあります。

ワーキングプアがなぜハウジングプアと連動するのでしょうか。それは失業すると収入が途絶えて家賃が払えなくなり，住み込みや寮の場合は追い出されるからです。さらに住所不定では職探しが困難になり，本来は受給できる生活保護も現実的には申請が難しくなります。住まいの喪失は，心身を休める場のほか，社会保障の機会や選挙権なども奪われる事態を招きます。生活の基盤とともに，市民の権利を失うと言っても過言ではないでしょう。

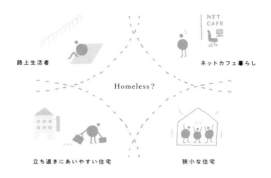

図1 「ホームレス」とは？

ホームレスとは誰のこと？

ところで、ネットカフェ生活を「屋根はあるが家がない状態」とすると、ハウジングプアの中でも居住権がより侵害されているのは「屋根がない状態」、すなわち、路上や公園、河川敷などで起居する野宿状態です。厚生労働省は前者を「住居喪失不安定就労者」、後者を「ホームレス」と定義して区別しています。でも実際にはその日の困窮度合いによって、ネットカフェでの宿泊と野宿とを行き来することもあり、本来はその線引きが難しいはずです。屋外、屋内のいずれの場合にも落ち着くべき安定した住まいがないのですから。

一方、世界に目を向けると、例えば欧州では「ホームレス」の定義は路上生活者に限定せず、広い意味で捉えられています。「屋根がない」「屋根はあるが家がない」状態のほか、寮・社宅や借家人の権利を制限する契約内容の賃貸住宅に住み、立ち退きにあいやすい「家はあるが権利がない」状態、家が狭い・不衛生・危険といった、居住水準の低い劣悪な住宅や住環境での生活を強いられる「不適切な住居」の状態も「ホームレス」になります[2]。

こうしてみると「ホームレス」とは「人間にふさわしい居住が確保できていない状態」といえそうです。ではなぜ、そんな広い意味で捉える必要があるのでしょうか。居住の不安定な状態が人々の生命や家庭生活に及ぼす影響に注目すると、その理由が自ずとみえてくるかもしれません。

◆ 知っていた？　適切な住まいに住む権利

　実は，私たち誰もに適切な住まいに住む権利があります。その権利の根拠とは，そして適切な住まいとは何かを紐解いてみましょう。

　世界人権宣言（1948年）の内容を条約化した国際人権規約（1966年）をごぞんじですか？　この条約締約国には自国民に対する「衣食住の相当な水準」の保障を義務付け，国民には住居を含む生活水準の向上を求める権利を認めています。また，1996年の第2回国連人間居住会議（ハビタットⅡ）では，参加171カ国の政府機関とNGOが，適切な住まいに住む権利である「居住の権利」を採択しました。かつ，それが基本的人権であり，各国政府がその実現を政策の最重要課題にすることを確認しました。日本はいずれにも批准や調印をしている締約国です。

　そして，日本国憲法の第25条は「健康で文化的な最低限度の生活を営む権利」として生存権を認めています。生存権とは人間が人間らしく生きる権利です。25条の文章に住居の文言はありませんが，当然住まいがなくては健康で文化的な生活はできません。憲法や国際人権法などの内容を踏まえると，適切な住まいに住む権利は「基本的人権」であると解釈できます[3]。

　この適切な住まい（Adequate Housing）の内容については，国際人権規約を扱う国連の社会権規約委員会が，考慮すべき事項として次のように示しています[4]。「(a)占有の法的保障，(b)サービス，設備及びインフラストラクチャーの利用可能性，(c)居住費用の家計適合性，(d)居住可能性，(e)入手可能性，(f)立地条件，(g)文化的相当性」——すなわち，強制立ち退きがないか(a)，過重な家賃や住宅ローンで家計がひっ迫していないか(c)，遠距離通勤を強いられる居住地でないか(f)も，「適切な」を考える条件に入ります。「適切」の基準は，「家庭生活」を包括的に捉えた先にあるものなのでしょう。

　このように，誰もがその時代と社会にふさわしい水準の居住環境の下で，人間の尊厳をもって暮らす権利があるという考えは世界の潮流です。でも，私たちの多くはそのことを知らず，また，現在の日本では居住関連の政策にそのような考えは反映されていないようです。

本当にあるの？　適切な住まいに住む権利

　日本は自然災害の多い国です。1995年1月の阪神・淡路大震災，2011年3月の東日本大震災，2016年4月の熊本地震などにみられる地震や津波のほか，台風，大雨，噴火などが各地で断続的に発生し，直近の2024年1月には能登半島地震がありました。多くの尊い命が奪われ，生活の基盤である住まいや住み慣れたまちを失うことによる深い悲しみと苦難は，今後も誰もが経験する可能性があります。災害との共生は人類の大きな課題の一つです。

　大規模の災害にあったとき，どんな支援があるのでしょうか。たとえば，現在の被災者生活再建支援法に基づく制度では，原則として，住宅の全壊世帯に対して基礎支援金が100万円，住宅を建設・購入すれば200万円が加算して支給されます。でも300万円で住宅を建て直すことは到底できません。

　自宅が倒壊し住宅ローンが残ってしまった場合はどうなるのでしょうか。自然災害であっても返済は免除されず，新たな住宅の建設・修繕資金や家賃に加えて従前のローンの返済義務は残ります。いわゆる二重ローン問題です。

　ところで，支援金は2007年の法改正まで住宅の建設や購入には使えませんでした。阪神・淡路大震災の直後，政府は「私有財産の形成に寄与する住宅保障は国の仕組みになじまない」という主旨の見解を述べました。住宅は私有財産であり自助努力で取得すべきという理由で，公費の投入自体が拒まれてきたのです。この考えは根強く，戦後の住宅政策は一貫してこの論理で展開されてきました。とくに90年代後半からは新自由主義的（市場原理を再評価して，個人や企業の自由を重視し政府による介入は最低限にすべきとの考え方）な住宅政策に大きく舵を切ったため，公的な住宅施策はさらに縮小し後退しました。

非常時の居住問題は平時の写し鏡

　災害によって自宅を追われた人々が，体育館などで一定の期間を過ごす避

難所の光景をみたことがあるでしょうか。近年は過去の災害を踏まえて段ボールベッドが導入されるなどの改善が一部みられるものの,「プライバシーのない空間で床に雑魚寝」という劣悪な環境は今なお続いています。しかし,避難所の国際基準である「スフィア基準」[5]では,たとえ避難所でも人間らしい尊厳ある生活を送ることが目指されています。避難者は支援を受ける権利があり,その支援は国家に役割と責任があるとも記されています。これを紹介する内閣府の「避難所運営ガイドライン」でも,避難所の質の向上は「『人がどれだけ人間らしい生活や自分らしい生活を送ることができているか』という『質』を問うもの」であり,「『贅沢』という批判は当たりません」とあります[6]。それでも,質の向上が実現されていないのはなぜでしょうか。実際に,被災者への生活や住宅再建の支援は限定的で,かつそれは仕方がないという世論が形成されているように思います。

これは,平時における居住問題が改善されていないことと無関係ではありません。低所得ゆえに,狭くて不衛生な住宅や,耐震性や断熱性などの居住性能水準が低い住宅しか入手できない人,高額な住宅ローンの負債や住居費負担に悩まされている人,年齢や経済的事情を理由に入居を拒否される人など,被災者以外で居住に課題を抱える人々が多く存在します。そうすると,平時の住宅困窮者との「公平性」を理由に,被災者の居住支援は限定的にされてしまうのです。拠り所とする「住宅は私有財でありその取得は自助努力が原則」の考えは,住宅政策関連の各府省庁の資料に度々登場しますが,私たちもアプリオリ（先験的）に受け入れてきたのではないでしょうか。

◆「生活のための住まい」を取り戻そう

国連の示す「適切な住まい」を改めて見直すと,建築物としての安全性や保健性,住居費負担の健全性,立地条件の利便性やコミュニティなど,「家庭生活」を軸にした住まいの物理的・経済的・環境的・文化的な側面を総合的に捉えた内容になっています。まるで,この「適切な住まい」は,持続可能な社会における生活の質の向上を目的とする家政学の価値を体現している

かのようです。住まいは「生活の器」と言われるように，人々の命と健康と暮らしを守り，人格形成や人間発達を促す場です。いわば，住まいは家庭生活という人間存在の「目的」を遂行するための「手段」といえるでしょう。

ところが，住まいの市場化・商品化が進み，住宅の建設や金融，サービスなどの社会・経済活動を牽引する「産業」とその利潤追求が中心になってくると，人々が「住まいを得るために生活をする」というような，手段と目的の逆転現象が起きてしまいます（序章参照）。日本の住宅事情について，収入に見合うアフォーダブル住宅の観点でみると，欧州諸国にみられる住宅手当や家賃補助の制度はなく，低家賃の公営住宅は3.6％程度しかありません[7]。「生活のための住まい」を取り戻すにはどうしたらよいのでしょうか。

ハウジング・ファーストという考え方

近年，ホームレスの人々の支援の新たな取り組み「ハウジング・ファースト」が注目されています。家のない状態の人たちにまず住居を提供するとの理念で，アメリカのニューヨーク市での民間組織パスウェイズの取り組みが始まりとされています。従来の路上生活者支援は，まずは施設に入居させ，その後アパート移行を目指すのですが，その過程で多くの人が路上生活に戻ってしまうことが問題でした。ところが支援の順序を逆にし，安心して暮らせる住まいの確保を最優先にすると一定の効果が認められたのです。ま

図2 「適切な住まい」とは？

た、この施策は社会的コストの削減という効果も期待されています[8)][9)]。

こうした取り組みからみえてくるのは、住まいを優先的に確保する意義とプライバシーが保たれる自分の部屋があることの大切さでしょう。また、ここでは、たとえば収入に見合う住居費を負担するし、居住者が自分で生活を管理できる暮らしが重要だと考えられていて、一般的に誤解される「施し」ではありません。活動の根底にあるのは、「住まいは人権」の理念なのです。

◆ 住まいの権利を知る意味、それをエンパワーする家政学と家庭科

これまでみてきた「適切な住まいは人権」と関わりの深い学問は、家政学の住居学です。家政学は生活の質の向上を目的としているため、基本的人権の保障は学問理念の根底にあります。よってその領域科学である住居学は、住まいや住環境を生活者の視点から捉え、改善課題を提起する中で、住まいの生存権的保障を科学的に立証し、人間の尊厳や家庭生活に相応しい「適切さ」の価値基準や具体的条件を追究する学問的使命が生じてくるのです。

居住の権利の存在を知ることで何が変わるのでしょうか。すぐには変わらぬ現実に諦めや無力感を持つかもしれません。でも、私たち自身の物事の捉え方は確実に変わります。多くの人が居住の問題や政策に関心を持ち、問題意識を抱くことが何より大切で、必ずや社会を変える第一歩になります。

人間らしい住まいの実現には、日常的に住まいを安全で健康的な空間に整えたり、良好なコミュニティを築いてまちづくりに参画したりと、個々人の主体的な行動力が大切です。一方「質の良い低家賃の住居がない」など、社会の仕組みによって生じている居住問題は、国や自治体などによる社会的解決が必要で、そうした公共の役割を認識しておくのも重要なことです。

このような居住者自身が主権者である自覚と、住まいに関わる知識や改善能力、実践力を身につけるための教育や支援には、家政学に関わりの深い家庭科における住教育が担う役割は大きいと言えます。

◆ 命をはぐくむ・人とつながる・暮らしをつくる

　住まいは「命をはぐくむ・人とつながる・暮らしをつくる」ための拠点です。適切な住まいを保障する社会の実現には，まず，私たちが国や自治体の役割を理解し，適切な施策を進めるようにと声を上げ行動できる力を付けましょう。人間らしい暮らしとは何かを考え，それを主張し求めていく行動力―居住者としての主体性の育成が課題です。小・中・高と系統的に学ぶことができる家庭科の住教育の充実がその推進力になるでしょう。

　全ての人が適切な住まい，自分の「home」を築くことのできる社会。その実現に向けて「人間らしく住む」ことの意味を共に考えてみませんか。

参考・引用文献

1) 稲葉剛『ハウジングプア』山吹書店，2009
2) 中島明子「居住問題を浮き彫りにした個室ビデオ店火災」『世界』岩波書店，785 号，2008.12，pp.22-23
3) 岸本幸臣「居住の権利と居住法」『図解住居学　4 住まいと社会』彰国社，2005，pp.115-126
4) 熊野勝之「東日本大震災と居住の権利」『「居住の権利」とくらし』家正治編，藤原書店，2012，pp.28-31
5) Sphere Association『スフィアハンドブック：人道憲章と人道支援における最低基準』日本語版第 4 版，2019
6) 内閣府「避難所運営ガイドライン」2016
7) 総務省統計局「平成 30 年住宅・土地統計調査」
8) 中島明子編著「住宅セーフティネット論を超えて－ハウジング・ファーストと地域居住政策」『HOUSERs －住宅問題と向き合う人々』萌文社，2017，pp.196-210
9) 稲葉剛・小川芳範・森川すいめい編『ハウジングファースト　住まいからはじまる支援の可能性』山吹書店，2018

さらに学びたい人へ

日本住宅会議 / ハビタット日本 NGO フォーラム編「住まいは人権」かもがわブックレット，1997
居住の権利の内容について分かりやすく解説されています。巻末にあるイスタンブール宣言の訳文も必見です。

COLUMN 10

生活について, つい語りたくなる
カード型教材 ―「カタロカ」の活用―

谷　昌之

　家庭科の授業を行う上で, 生徒が"生活を営む"という視点で各領域（家族や衣, 食, 住など）を関連づけて捉えられるようにして, **生活課題に対応できる力**を育成できないかと模索しています。そこで「自立」を切り口として, 関西家政学原論研究会で開発したカード型教材「カタロカ」[*1]を用いた授業を行なっています。この「カタロカ」は小学校の家庭科教科書に掲載されている学習項目や, 近年新たに広まった生活に関する事柄の中から**生活を営むための基礎的なスキル**を基準に選定した26枚のカードで構成されています。

　高校生が興味を持ち, 想像しやすいという点から「卒業後に一人暮らしを始めるとしたら」という設定で授業を進めました。活動は, ①個人で各カードの重要度を検討し, 自分が大事にしたいと思う生活スキルを確認, ②グループ活動に展開し, 互いの意見を交換しながらグループの「ピラミッドランキング」（緩やかな順位づけができる手法）を作成, ③グループ間で交流する時間を設けて「1位にした理由」や「グループで意見が割れたもの」などを発表・質問して交流, という流れで行いました。さらに「40代・共働き・子育て中の暮らしを想定して…」など, 設定を変えることによって, 年齢を重ね, 共に暮らす人が変わることで, **生活の捉え方や価値観**が変化することを体感できます。また「オリジナルカードを作るなら…」と, 自立に必要な事柄について各自で考える展開も可能です。

　この「カタロカ」は, 家庭科・家政学の頭文字の「カ」と, 考えたことを語り合いたくなるようなワークになるようにと願いを込めて「語り合おう」を表す関西弁の「語ろかぁ〜」を掛け合わせたネーミングにしました。高校生たちも「なぜこれが重要なの？」「なぜこれがランキング外になるの？」といったそれぞれの生活に対する価値観をいつの間にか"語って"いました。あなたも誰かと生活について語ってみませんか？

＜発展的キーワード＞　ライフスタイル, 意思決定, 生涯を見通した人生設計

【引用・参考文献】　※リンク先から「カタロカ」のダウンロードができます。
*1 NHK高校講座・家庭総合「第1回 自立ってどういうこと？」, 学習メモ4-7頁
https://www.nhk.or.jp/kokokoza/katei/（2024年5月4日閲覧）

高齢期と住まいやくらし

第 10 章

「2025年問題」「2040年問題」「2055年問題」という言葉を聞いたことがありますか。人類滅亡の予言などではありません。高齢者の比率の高まりを「問題」としたものです。長生きできることは素晴らしいことなのに,なぜ問題なのでしょうか?

ある年齢になったら何かをしなければならないのでしょうか?今までの生活を変える必要があるのでしょうか?

年齢を数字で区切ることが必要なのではありません。けれどもいま以上に,高齢者のより良いくらしを考えることが求められているのです。そしてそれは,若者にとっても未来の自分の幸せを考えることなのです。

中西眞弓

◆ だれもが「おひとりさま」になる？

　2025年は団塊世代と呼ばれる人たちが後期高齢者となります。内閣府が2012年に行った団塊世代の人たちに対する意識調査[1]では，男性の55％（女性は27％）が配偶者に介護を望んでいました。しかし未婚比率は非常に高まり，子どもの数についても43年連続の減少が報告されています[2]。生涯独身の人が増えるとともに，結婚しても子どもを持たない世帯が増え，高齢者のみで暮らす独居世帯や高齢者のみ世帯が非常に多くなっています。

　日本総研は「婚姻状態や経済状態にかかわらず，困った時に頼る人がいないというリスクを抱えている高齢者を『おひとりさま』と定義[3]」し，高齢者を支える仕組みの必要性を提言しています。高齢期を迎えたときに頼る人が近くにいない状態は，誰にでも訪れる可能性があります。

◆ 同居・近居・独居

　4章で述べているように，1980年には多かった3世代同居世帯は非常に少なくなり，高齢者のみ世帯の増加が目立ちます[4]。そのため2015年の第三次少子化社会対策大綱からは，世代間の助け合いを目的とした「三世代同居，近居の促進」が盛り込まれました[5]。少子化対策だけでなく介護対策を意図したものでしたが，誰もが「おひとりさま」になるかもしれない社会では，「家族」に介護を期待するのは困難です。高齢者の「独居」は問題視されています。ただ，若者のひとり暮らしが「自由で気まま」であるように，高齢者も「自由で気まま」な暮らしができないのでしょうか。

◆ 高齢者で賃貸住宅を探すのは難しい？

　金銭的な余裕があったとしても，高齢者が賃貸住宅を探すのは困難な場合が多いです。身元保証人がいないこと，家賃滞納や孤独死を危惧する家主が

多いこと等がその理由と言われます。そのような中，政府は「高齢者の居住の安定確保に関する法律[6]」を制定し，その根幹にサービス付き高齢者向け住宅（以下「サ高住」）を据えました。バリアフリー住宅と安否確認を組み合わせたサ高住は，賃貸住宅を借りることが困難な高齢者に住宅を提供するものです。しかし通常の賃貸住宅よりも高額となりがちです。また「サ高住は特別養護老人ホームなどの介護施設ではなく，賃貸住宅なので，生活の自由度は高い[7]」としながらも，国土交通省の資料[8]の中では「施設」（図1中の「サ付き」がサ高住）と分類されており，定義があいまいです。しかし，これからの高齢者の住宅として，国はサ高住に対し補助金や融資のほかに，税制優遇も行って[9]拡充を期待しています。

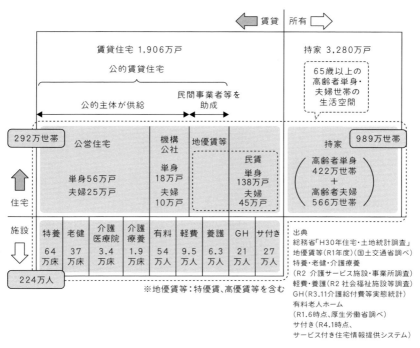

図1　高齢者の住まいの状況　国土交通省「高齢者の住まいに関する現状と施策の動向[8]」
　　2022　P1　一部改変

◆ グループ居住の魅力と可能性

　おひとりさまが増えている昨今では，家族・親族や知人・友人に限らず，グループで暮らす住まい方も増えています。ある程度自立して暮らすことが可能な高齢者が集まって暮らすグループリビングはその一つで，日本ではコレクティブハウスやシェアハウスの名前で呼ばれるものもあります。住み慣れた地域の中で友人や近隣の人等と非血縁的なつながりを大切にしながら，各種の地域支援サービスや社会福祉サービスを積極的に活用し，一つ屋根の下で助け合いながら生活をする暮らし[10]です。介護を前提とした大人数の集住ではなく，食事や掃除のような生活サポートを共同購入しながら，これまで家族が行ってきたような，ちょっとした不安を取り除くことを目的としたものです。またお互いに知恵を出し合い，その暮らしを地域の高齢者の集いの核として機能させ，さらなる発展を模索しているものも多いです。

　埼玉県新座市のグループリビング・えんの森をはじめとした多くのグループリビングは，高齢者の集住の場としての住まいとなるだけでなく，地域の人に交流の場を提供し，さらには介護・調理・日常の手伝いなどの仕事を創出する場としても機能しています[11]。

◆ 高齢期を楽しく過ごすために

　京都府嵯峨野のグループリビング「ことらいふ」が2016年に誕生[12]した時，家族と良好な関係を築きながら，家族と離れて創設者の一人となったNさんに非常に驚きました。Nさんは長年幼児教育に携わってこられた人です。そしてグループリビングでは幼児教育に携わる仲間とともに，手作りの雑貨の販売や，子ども食堂の開設や，地域イベントの開催をしながら楽しく暮らしておられます。このグループリビングでのくらしは，高齢期を生き生きと暮らすためのヒントをくれている気がします。また「ことらいふ」では，高齢者グループリビングでありながら，開設当初，若者の入居を希望していました。多世代が暮らすことも魅力的ではないでしょうか。

◆ 分散型サ高住の魅力と可能性

　色々な高齢期の住まいを見ましたが，高齢者が集まって暮らすことになじめない人も多いです。私もその一人です。高齢者ばかりのくらしになじめない私が魅力的に感じたのは分散型サ高住の「ゆいま〜る大曽根」です。

　（株）コミュニティネットは「団地再生」「駅前再開発」「過疎地再生・環境共生」などをテーマとして全国に 14 のゆいま〜るシリーズ[13]を展開しています。そのうちの３つが団地再生をテーマとした分散型サ高住です。

　ゆいま〜る大曽根は名古屋市中心部から 30 分の立地にある愛知県住宅供給公社の住宅の空き住戸を高齢者対応にリフォームしたものです。比較的手ごろな家賃設定，そして多世代と共に暮らし，通常の住宅と同じように暮らすことができ，そして希望すれば食事サービスや困ったときの安心感も得られます。１階には安否確認を行う「フロント」があり，NPO 法人わっぱの会が企画・運営する「ソーネ OZONE」[14]があります。このソーネ OZONEは「パンとみんなとしげんカフェ」をテーマとした総合的なコミュニティスペースを提供してくれています。

　居心地の良いレストラン・カフェだけでなく，障害者や就労困難者のしごとあっせんや，分別リサイクル資源を買い取るなど，ユニークな試みも魅力的です。地域の交流拠点ともなる，コミュニティスペースが併設していることが，ゆいま〜る大曽根の大きな魅力の一つになっています。

　空き家を有効活用するとともに，多世代居住を可能とする分散型サ高住は

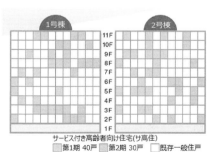

図２　ゆいま〜る大曽根　（株）コミュニティネット HP より

A イベントスペース
B カフェ・レストラン
C しげん買取センター
D 地域サービス
　相談コーナー
E ショップ（パンなど）

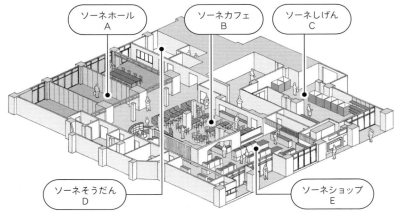

図3　コミュニティスペース「ソーネ OZONE」NPO法人 わっぱの会 HPより一部改変

現在注目されています。不動産管理会社（株）イチイが提案する分散型サ高住[15)]は2021年国土交通省の「人生100年時代を支える住まい環境整備モデル事業」に選定されました。入居者の交流拠点を中心に近隣の空き住戸を高齢者に賃貸することを謳っており、今後の展開が期待されます。

「カラダ」の健康寿命と「ココロ」の健康寿命

髙田明和氏は著書[16)]の中で、著名人の言葉を引用しながら「年をとった

から遊ばなくなるのではなく,遊ばなくなるから年をとる」ことや「年齢の自覚が老化を助長させる」ことをわかりやすく教えてくれています。健康寿命という言葉が広く知られるようになり,高齢者にも体力づくりに励む人が多くなっています[17]。けれども,「カラダ」の健康寿命だけでなく,「ココロ」も健康でなければなりません。高齢期に健康であるためには,自分の楽しみや遊び心を持ち続けること,やりたいことや,やりがいを見つけること,そしてそれがかなえられる住まいや住まい方が求められます。

　高齢者が集まって暮らすことで,分かり合える仲間と足りないところを補って生き生きと暮らすことが可能なのかもしれません。けれども,あなたの身近な人や同世代の人が,病気になったり亡くなったりしていくことを目の当たりにすることは,とてもつらいことです。年齢を自覚せざるを得ないような状況を作ってしまうのではないかと危惧します。これからは「ココロ」の健康寿命も伸ばしていく必要があるのではないでしょうか。

◆ 高齢期の住まいに求められるもの

　高齢者が安心して暮らすためには住まいのバリアフリーや省エネ対策・温熱環境の整備だけでなく,医療施設や買い物施設等の生活関連施設が徒歩圏にあるかなどの立地も非常に重要です。近くに家族・友人・仲間等がいることも大切でしょう。また自分のしたいことができる場があることも大切です。それと同時に,今後生活を続けていくうえで経済的な負担を考えることや,家を維持・管理していくことも求められます。

　1973年には上田篤氏が朝日新聞(1973.1.3)で「現代住宅双六」を発表し,「庭付き郊外一戸建て住宅」が庶民の夢であると示しました[18]。しかし,社会情勢の変化を受け,2007年には日本経済新聞で「新・住宅双六」を発表し,その目標は「老人介護ホーム」「親子マンション」「農家町家」「外国定住」「都心超高層マンション」「自宅」と多様化していることを示しました。高齢期の理想の住まい方はまだ模索状態かもしれません。人が大切にしていることはそれぞれ異なります。それゆえ多くの選択肢が必要とされているのです。

一方，70歳の男性の半数近くが仕事を持ち[19]，いつが定年なのか，いつから高齢期なのかさえ曖昧になってきている昨今です。高齢期にどのような住まいを理想とするのか，そのために住み替える必要があるのか，私たちはよく考えて準備する必要があります。

◆ 命をはぐくむ・人とつながる・暮らしをつくる

　これからの高齢者は同居や近居をしなくても，オンラインで話ができ，緊急時には対応も可能となっていくと思われます。ロボット介護も増え，スマートハウスも進化していくでしょう。それでも，オンラインでつながることだけで満足できるのかというと，そういうわけではありません。

　人は人とつながってはじめて「生きている」ことを実感できるのではないでしょうか。立松麻衣子氏は「情緒的サポートの担い手として家族を想定することが難しい社会のなかでは，『地域』のあり方が問われるようになるだろう[20]」と述べています。地域の中で役割を持ち，支える側にも支えられる側にもなりながら，「誇り・味方・居場所」が保障される住環境が求められると指摘しています。人が幸福であるためには「社会的つながり」が重要であるというのは，OECDの「Better Life Index（より良い暮らし指標）[21]」でも示されています。特に日本ではこの社会的つながりが高齢者や男性に希薄[22]なようです。高齢期の住まいや暮らしを考える際には，人と人，人と社会とのつながりを大切にしていく[23]ことが重要なのです。

　高齢者の住まいといえば，「バリアフリー＋介護等」というテンプレートに縛られがちですが，これからは「ソーネOZONE」のような「コミュニティスペース」や「コンビニジム」「フードコート」等が，高齢者の住宅には合わせて必要なのかもしれません。そうした「＋α」の部分を，よりしっかりと考えていくことも大切と思われます。

参考・引用文献

1) 内閣府「団塊の世代の意識に関する調査」2012
2) 総務省統計局「統計トピックス（人口推計）」2023
3) 日本総研・WHITE PAPER「個・孤の時代の高齢期〜誰もがおひとりさまになる社会〜」2022
4) 内閣府「令和2年版 高齢社会白書」第1章高齢化の状況
5) 厚生労働省「第3次少子化社会対策大綱」2015
6) 国土交通省「高齢者の居住の安定確保に関する法律」2022
7) 神戸市「サービス付き高齢者向け住宅」－ほかの高齢者向け住まい（特別養護老人ホームなど）との違いは何ですか。
8) 国土交通省「高齢者の住まいに関する現状と施策の動向」第6回サービス付き高齢者向け住宅に関する懇談会資料，2022.02.22
9) 国土交通省「住宅サービス付き高齢者向け住宅の供給支援」
10) 高齢グループリビング運営協議会 https://www.glnet-groupliving.org/
11) 高齢者グループリビング運営協議会「2011年度報告書」p.8
12) NPO法人暮らしネット・えんグループリビング運営協議会慶應義塾大学SFC研究所・ラボ「2016年度新座ワークショップ 高齢者グループリビングの社会的普及に向けた実践的調査研究報告書Ⅰ調査研究編」pp.50-54
13) （株）コミュニティネット「事業モデル『ゆいま〜るシリーズ』」https://c-net.jp/yuimarl/
14) NPO法人わっぱの会「ソーネOZONE」https://sone-ozone.com/
15) （株）イチイ「分散型サ高住」https://nextlife.earth/
16) 髙田明和『88歳医師の読むだけで気持ちがスッと軽くなる本』三笠書房，2023
17) 内閣府『令和5年版高齢社会白書』第1章高齢化の状況，第2節2
18) 西山夘三『日本の住まいⅠ』1975，p.11
19) 坂本貴志『ほんとうの定年後「小さな仕事」が日本社会を救う』講談社現代新書，2022
20) 立松麻衣子「高齢者の地域居住に関する研究」日本家政学会誌，Vol.74 No.6，pp.310-318，2023
21) OECD「より良い暮らし指標（Better Life Index: BLI）について」
22) 国土交通省『令和3年版 国土交通白書』第3章第2節コラム
23) リサ・ウィルカーソン「すべての政策に『社会的つながり』を取り入れる」Stanford Social Innovation Review, Summer 2022

さらに学びたい人へ

グループリビング運営協議会報告書，2011-2020
全国のグループリビングを調査した結果と調査に基づく分析結果や考察，シンポジウム資料などが取りまとめられています。同協議会のHPからPDFをすべて閲覧可能です。

早川和男『居住福祉社会へ「老い」から住まいを考える』岩波書店，2014
高齢者の住まいのことだけでなく，日本の住まいやコミュニティに何が大切なのかを考えさせてくれます。

COLUMN 11

共に暮らすを疑似体験
ーカタロカを使ってー

高山 さやか

　5年後,あなたは一人で暮らしていますか。それとも,誰かと暮らしていますか。10年後,50年後は,どうでしょう。

　人生の出来事であるライフイベントとして,大学進学を機に親元から離れて暮らすケースもありますが,一人暮らしはコストがかかります。11章では家計について紹介していますが,消費支出を大きく占めるひとつは住居です。そこで,家賃分割共有型の生活,すなわち,誰かと共に暮らすルームシェアを自分事としてとらえる家庭基礎の授業を行いました。「カタロカ」(コラム10参照)を使い,ルームメイトと重視する生活スキルベスト3を話し合ったのですが,なかなか決まりません。「求める生活が意外と違って驚いた。面白かった。」と空想の生活を楽しむ一方,ルームシェアは,「少しあこがれがあったが,家事やお金の面など分担したり,話し合うことが多かったり,意外と大変そう」と,他者と暮らしていくこと(創設家族)の難しさを感じた生徒もいました。

　あなたが重んずる生活スキルは何でしょうか。生徒の意見にあったように,「掃除は共通認識としてありそう」ですか。中には,「基本的な調理操作やスキル,家計管理ができることは絶対にゆずれない」と,特定したスキルに比重をおく人もいるかもしれません。生活スキルに留まらずルールを決めていくことで,「恋愛は甘え」という価値観が生まれたグループもありました。

　現代社会になり,産業化が進行すると,個人が共同体や親族集団の制約から自由になり[*1],自分でパートナーを選ぶことが一般化しました。出生家族とは違う人と生活していく過程では,意見の衝突が起こる可能性もあります。「実際にすることになったら,困りごとや大変なことが多いと思うが,その都度解決していけばいいと思う」という生徒の感想もありました。流動性を受け入れる**柔軟性**をもちつつ,どこで線引きをするか**妥協点**を探していくことが,共に豊かな暮らしを実現する秘訣になるでしょう。

　誰と,どこで,どのような空間で「住まう」か,みなさんも将来の生活行為マネジメントをカタロカで考えてみませんか。

＜発展的キーワード＞　主観的地域満足度,家庭資源,レジリエンス
【引用・参考文献】
*1 小澤千穂子「5章　結婚と離婚　1.結婚とは何か」日本家政学会編『現代社会を読み解く12章』丸善出版,2018年,64頁

憂いあるから備えありの人生設計

第 11 章

「備えあれば憂いなし」という諺があります。しかし，いくら準備を重ねても「憂いなし」の境地に達することはなかなか難しいのではないかと思います。

ある時，「憂いあるから備えあり」と考えるのはどうだろうかと思いつきました。さらにいえば「憂いは人生を味わい深くするなあ」とも。このように"いい加減"に開き直ってしまうことが，予測困難な将来を見据えて生活する上では大切なのではないかと思うのです。

さて，私たちは，これから何をどのように準備すればよいのでしょうか。知れば知るほど不安になってしまう場合があるかもしれませんが，そんな時こそ家政学の学びを道標に「憂いから学ぶ姿勢」で，一歩足を踏み出してみましょう。

奥井一幾

◆ 年金問題〜若気の至り〜

　成年年齢は18歳になりましたが国民年金の加入年齢は20歳です。20歳の誕生日を迎え国民年金第1号被保険者となった人は月払いの場合1ヶ月あたり16,980円（2024年度）[1]を納める義務を負うことになります。

　私は2004年に20歳の誕生日を迎えました。毎月のアルバイト代から保険料（当時：13,300円）を支払うか，憧れのギターを購入するか，こともあろうに迷ってしまったのです。そして私が出した結論は「ギター」でした。理由は「年金は"手続き"すれば追納（保険料の後払い）できるが，このギターは一期一会だ」。今思えば若気の至りといったところですが，失敗するなら若いうち！後悔などあろうはずがありません…。

　ちなみにここでの"手続き"とは「学生納付特例制度（一定の要件を満たせば在学中の保険料の納付が猶予される制度）」です。納付が免除されるわけではなく，あくまで猶予（先延ばし）される制度であることは覚えておいてください。

　その後，就職して貯金を頑張り，猶予していた保険料をすべて追納できた時には，長年の肩の荷がスーッと下りたような安堵感を覚えました。

　ところで，我が国の国民年金制度は老後に受け取る「老齢基礎年金」の他にも2つの機能があることをご存じでしょうか。1つは加入中に事故や病気で障害を負った場合に給付される「障害基礎年金」。もう1つは年金受給者や被保険者が亡くなった際に遺族のために支給される「遺族基礎年金」です[2]。国が管理運営を行う"破綻リスクが極めて低い保険"と考えると，義務を放棄して「未納」という状態にはしないよう注意した方がよさそうです。

◆ 奨学金問題〜若者に厳しい日本〜

　我が国は20歳前後の若者にとって厳しい国であると言わざるを得ない一面があります。それは奨学金制度です。日本学生支援機構（2024）の調査によれば，大学生の55.0％が何らかの奨学金を受給し，うち48.5％が日本学生

支援機構の奨学金を受給していることが分かっています。内訳は給付型（返還義務なし）9.1%，貸与型（返還義務あり）7.2%，給付型と貸与型の併用32.2%とされています[3]。現在は利用していないという人でも，今後，留学や進学を機に利用することもあり得るため，決して他人事ではないでしょう。また，返還については繰上返還を利用したことが「ない」という人が全体の81.8%を占め，多くの人が毎月の返還を選んでいることが分かります[4]。

図1の通り，高等教育機関への進学を機に貸与型奨学金を利用する状況がある国はそれほど多くはないようです。我が国は大学の授業料が高いわりには補助が不足しているというもっとも厳しいエリアに位置しています。さらに前項で紹介した国民年金の学生納付特例制度を利用する場合には，将来的に保険料の追納も考えておかなければいけません。

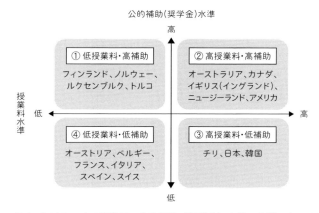

図1　OECDによる授業料と公的補助（奨学金）水準の高低による4分類 [5]

このような中，我が国は2020年に給付型の奨学金制度である「高等教育の修学支援新制度」をスタートし，これ以降，実際に給付型を利用する学生の割合は高くなっています[6]。さらに最近では，就職後に企業側が奨学金の一部または全部の返還を支援してくれる場合があったり[7]，日本学生支援機構の返済免除制度の免除枠の拡大[8]が検討されたりするなど，少しずつではありますが，現状を脱する動きがみられています。

奨学金は自らの将来に対する投資であり，さらに返還することで次世代を

助けることになるという捉え方ができ，例えばギャンブルで背負ってしまう借金とは質が異なります。しかし，貸与型を利用する場合は，将来的に毎月の生活費から自由に使うことができる「可処分所得（いわゆる手取り収入）」が確実に減り，生活への直接的な影響が出ることは否めないという点は留意しておく必要があるでしょう。

◆ "出口"から考える家計管理

さて，年金や奨学金のことを考えると，20歳前後からすでに人生設計は始まっているということに気が付くと思います。ここからは家計管理についての基礎的な知識を確認します。

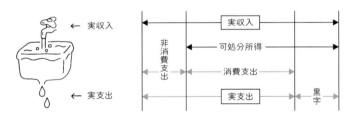

図2　実収入と実支出のイメージ（繰入・繰越金等がない場合）

そもそも家計とは「ライフイベントを実現させるために，現在の収入と支出（収支）を把握し，収支のバランスを考えて生活を維持すること」[9]を指し，また，ライフイベントとは「人生の中で起こる出来事。誕生，就学，就職，結婚，出産，子育て，離婚，教育，退職，介護，死など」[10]を指します。

一般的にお金の流れは"入口"と"出口"があります。図2に示す通り，ちょうど水槽に水をためるようなイメージです。入口は「実収入（いわゆる税込み収入で世帯員全員の現金収入の合計）」，出口は「実支出（非消費支出と消費支出の合計）」と考えます。

重要なのは出口（実支出）に目を向けることです。例えば図2の水槽にたくさんの穴が開いていたら水はいつまでたってもたまることはないでしょ

う。まずは「出口から流れ出る水の量を調整できるか」が肝といえます。

「実支出」は「非消費支出（主に直接税と社会保険料）」と「消費支出（いわゆる生活費）」によって構成されていることが分かります。また「非消費支出」は給与から天引きされるため、生活者自身が自由に調整することはできません[11]。一方で「消費支出」は自由に調整することができます。なお「可処分所得」から「消費支出」を差し引いた分を「黒字」と捉えます。表1は生活とお金が関わる場面を整理したものです。

表1 お金に関する様々な生活場面

場面	主な説明
稼ぐ	有償労働（ペイドワーク）などによって収入を得ること
納める	納税の義務を果たすこと
貯める	貯蓄をすること
使う	生活を営むために必要なものやサービスを購入すること
備える	社会保障や民間保険の仕組みを理解し、疾病などのリスクに備えること
動かす	運用（投資）について知り、"お金に働いてもらう"こと

『日本家政学会関西地区会編『あなたの今が未来を創る』』p.16を参考に筆者作成

◆ お金を「動かす」という選択肢

最近では、表1で示した「動かす」ということへの国民的な関心が高まっています。その背景には金融庁が掲げる「資産運用立国実現プラン」[12]があります。NISA（Nippon Individual Savings Account；少額からの長期・積立・分散投資を支援するための非課税制度）[13]やiDeCo（individual-type Defined Contribution pension plan；個人型確定拠出年金）[14]を活用した将来への備えを国民に普及しようという動きです。また、大手企業の多くが実施する企業型DC（Defined Contribution；確定拠出年金）は、個人ではなく事業主が掛け金を拠出してくれる制度です[15]。

これらに共通していることは、資金の運用を専門家に任せる「投資信託」を取り入れた金融商品としての一面があること。また、一定の条件下で、運用によって得られた利益が「非課税」となるなど、税制上の優遇があること

です。

　加えて，これらの制度のデメリットは何か，転職した場合にも毎月一定額の積み立てが可能か，投資に関心が高まっていることを悪用した詐欺や消費者トラブルの事例はないか，などについて情報収集を行ってみてください。

　将来への備えのために生活費を切り詰め，苦しい状況に陥ってしまっては本末転倒です。自分自身のキャリア展望と予想される可処分所得を基準に，まずは家計の黒字部分から無理のない範囲で挑戦することをお勧めします。なお，これらの動向についての家政学的な考察は本書「コラム12」を参照ください。

♥ 生活に必要なお金

　さて，一定の収入を得て自分が主体的に家計を営むようになると「手元にあるお金をどのように使うか」ということが日々，問われることになります。

　表2は35歳未満の勤労者で単身世帯の家計収支の平均です。太枠の「可処分所得」欄に入る金額を，本章図2を参考に計算してみましょう。給与が銀行振込の場合はこの額が自分の銀行口座に振り込まれます。

　他，表2からは賃金に性差があることが読み取れます。例えば諸外国の賃金には性差があるのでしょうか。ぜひ，調べてみてください。

　なお，就職後2年目は，前年度の収入に係る直接税（主に所得税・住民税）の負担が増し，可処分所得が減る可能性があることも知っておきましょう。

表2　35歳未満の勤労者単身世帯の家計収支・1ヶ月（単位：円）[16]

項目	男性（平均26.6歳）	女性（平均27.3歳）
実収入	353,638	316,117
実支出	226,188	214,602
消費支出	170,043	163,471
非消費支出	56,145	51,131
可処分所得		

家計調査 家計収支編（2023）第2表を参考に筆者作成
※解答は本章末尾に記載

ライフイベント表を作ろう

　生きていれば誰もが1年に1歳ずつ年を取ります。つまり，誕生日を起点にライフイベントは半ば自動的に決まっていくのです。同時に，ライフイベントに伴う各種費用も簡単に見積ることができます（表3および図3）。

表3　主なライフイベントとかかる費用

項目	費用	備考
就職活動費	約6万円	リクルートスーツ代，交通費，宿泊費など
結婚費	約304万円	結納，婚約，挙式，披露宴，新婚旅行の費用総額
出産費	約47万円	入院料，室料差額，分娩料など
教育費	約1,002万円	子供1人あたりの総額（幼稚園〜高校まで公立，大学のみ私立の場合）
住宅購入費	約3,605万円	値は建売住宅。マンションは平均約4,528万円
老後生活費	約26万円	高齢夫婦無職世帯の毎月の支出

日本FP協会（2024）「主なライフイベントにかかる費用の目安」を参考に筆者作成

<記入例>

自分の年齢	家族の年齢			ライフイベント	必要費用（支出）単位：○万円
	配偶者	第1子	第2子		
35	32	5	0	妊娠・出産関係	48
36	33	6	1	自動車購入	250
37	34	7	2	第1子公立小学校入学	15

日本FP協会（2024）「ライフイベント表」を参考に筆者作成

図3　ライフイベント表の記入例と書式例

"入口"は希望の光

　本章では"出口"のことばかりを考えてきましたが，ここでは"入口"に目を向けましょう。表4は正社員（正規雇用者）の学歴別「生涯年収（生涯賃金）」です。学歴が上がるほど生涯年収は高まります。「奨学金は将来に対する投資」という見方はあながち間違いではないようです。また，男女の賃金格差が各カテゴリで5,000万円前後あることが分かり，これは我が国の

表4 生涯年収（退職金を含めない）

学歴		男性	女性
	高卒	2億300万円	1億4,900万円
	大卒	2億4,700万円	1億9,800万円
	大学院修了	3億円	2億5,000万円

※卒業後ただちに就職し60歳で退職するまでフルタイムの正社員を続ける場合(同一企業継続就業とは限らない)

ユースフル労働統計(2023)表21-1, p.308を参考に筆者作成

課題です。

　なお、非正規労働を続けた場合は、賞与や福利厚生が十分に得られないため、カテゴリによって5,000万円〜1億円程少なくなることも分かっています。ところで結婚をすれば2人分の生涯年収を基盤とした生活設計が可能になります。この点は結婚することのメリットといえるでしょう。

◆ 命をはぐくむ・人とつながる・暮らしをつくる

　本章は、生活における「お金の出口」を中心に、基本的な事柄を整理していきました。暮らしをつくる上で重要なテーマである一方、将来を窮屈なイメージにしてしまう作用もあると思っています。それは、「お金」という単一の視点から物事を見てしまうからではないかと考えます。

　人生をよりよくするために必要な事柄は決して「お金」だけではないでしょう。例えば、人と人（主体）とのつながりを丁寧に紡ぐこと、身近なモノ・コト（対象）と向き合い、味わう意味や価値を探究すること（対応）。その過程にある手段や尺度の1つが「お金」であるという見方を家政学は語りかけるように教えてくれていると思うのです。

参考・引用文献

1) 日本年金機構「国民年金保険料」
   https://www.nenkin.go.jp/service/kokunen/hokenryo/hokenryo.html#cms01（2024.4.6閲覧）
2) 厚生労働省「マンガで読む『公的年金制度』」https://www.mhlw.go.jp/nenkinkenshou/
   （2024.4.12閲覧）
3) 日本学生支援機構「令和4年度学生生活調査結果」2024, pp.12-24
   https://www.jasso.go.jp/statistics/gakusei_chosa/2022.html（2024.4.12閲覧）

4) 日本学生支援機構「令和3年度奨学金返還者に関する属性調査結果（詳細版）」2023, p.24, https://www.jasso.go.jp/statistics/shogakukin_henkan_zokusei/2021.html （2024.4.12閲覧）
5) 中村真也「諸外国の大学授業料と奨学金【第2版】」、国立国会図書館調査と情報－ISSUE BRIEF－No.1048, 2019, p.1
6) 文部科学省「高等教育の修学支援新制度」https://www.mext.go.jp/a_menu/koutou/hutankeigen/index.htm（2024.4.8閲覧）
7) 朝日新聞デジタル「社員の奨学金を肩代わり、900社超 狙いは人材確保 教員採用でも」2023.8.17
8) 朝日新聞デジタル「教員になった大学院生の奨学金、全額免除へ 文科省方針」2024.3.19
9) 圓山茂夫編著『実践的消費者読本第6版』民事法研究会, 2021.2, p.25
10) 日本家政学会生活経営学部会関西地区会『あなたの今が未来を創る－暮らしのマネジメント－』城南印刷（京都府）, 2020.7, p.17
11) 神山久美・中村年春・細川幸一編著『新しい消費者教育 これからの消費生活を考える 第2版』慶応義塾大学出版会, 2019.10, pp.44-45
12) 金融庁「資産運用立国について」2024.3.22更新, https://www.fsa.go.jp/policy/pjlamc/20231214.html（2024.3.28閲覧）
13) 金融庁「つみたてNISAの概要」https://www.fsa.go.jp/policy/nisa2/about/tsumitate/overview/index.html（2024.3.28閲覧）
14) iDeCo公式サイト「用語集」https://www.ideco-koushiki.jp/yougo/（2024.3.28閲覧）
15) 企業年金連合会「確定拠出年金のしくみ」https://www.pfa.or.jp/qa/kyoshutsu/kyoshutsu01.html（2024.4.20閲覧）
16) e-Stat 政府統計の総合窓口「家計調査2023年（令和5年）[家計収支編（男女、年齢階級別単身世帯・勤労者世帯）]」https://x.gd/SQ0LC（2024.4.7閲覧）

さらに学びたい人へ

日本家政学会生活経営学部会関西地区会編『あなたの今が未来を創る－暮らしのマネジメント－』2020
現代の生活経営や消費生活に必要な事柄がまとめられている。ワークシート形式で書き込む箇所が多くあり、読者が主体的に学べる工夫が凝らされている。

谷昌之「「時間」に着目してリスク管理を捉える授業」公益財団法人 生命保険文化センター, https://www.jili.or.jp/kuraho/kyoiku/2023/9337.html, 2023
高校家庭科の消費生活領域について、近年の動向を盛り込んだ授業提案である。「時間」をどう捉えるかが鍵であり、教育関係者のみならず一般にも参考になる内容である。

【表2の解答】男性：297,493円 女性：264,986円

COLUMN 12

家政学と既存科学の違い

岸本幸臣

　家政学と既存科学の違いを示す事例として，家庭経済学と経済学の違いを考えてみましょう。経済学は社会学を親科学とし，家庭経済学は家政学を親科学としています。ともに主な研究対象として，社会や家庭の活動維持に不可欠な財・資本の流通現象を扱っています。また，古代ギリシャの時代，家政学は「オイコノミカ」と呼ばれ，生業や節約も含めて一家の経済的営み，更には生きることへの規範を担う学問でした。その意味では両者は緊密な関係にあるのは事実です[*1]。ところが，家庭経済学は経済学の**ミニ学問**と揶揄されることもよくあります。また，家庭経済学に携わる人達の中にも，自分の研究は経済学の傍流の学びではと不安を持つ人も多いようです。この問題の本質は，科学の上下関係として捉える問題ではなく，**科学の立脚基盤**の違いを見落とした誤解だといえます。例えば，私たちは将来の家庭生活の経済的安定を目指して貯蓄をします。もちろん年金制度や保険制度等の整備によって，一定限度の経済的安定は社会的に保障されますが，更に好ましい生活を実現するための経済的担保として，元本が保証される貯蓄は効果的な選択肢となります。

　他方で社会での経済活動の営みは，市場経済下での優勝劣敗型の激しい営みを展開しつつその発展を加速し拡大させます。特に近年のハイパー資本主義の市場下では，企業は投資市場へのより莫大な資金の投入を必然的に求められます。経済学の立場からは，リスクを含むが長期的には投資は有利との経営的判断で，生活者の貯蓄をも投資市場に還流させる強烈なラブコールが発せられます。でも，家庭経済学の立場からは，私達の将来の生活安定にリスクを含む選択は不適切ですし，長期スパンだとしても将来生活の経済的破綻を必然的に内包する投資型蓄財法を選択させる判断はあり得ないことになります。

　勿論，市場への投資制約は経済の成長・拡大の動きを減速させる結果につながります。しかし視点を変えれば，このように制御された経済成長への家庭経済学からのアクセス，これも家政学の「**科学の生活化**」（序章参照）を実践する一つの事例ではないでしょうか。

＜発展的キーワード＞　金融教育義務化，金融資本主義
【引用・参考文献】
*1 岸本幸臣・荒谷直美「ソクラテス家政論の現代的意義」，大阪教育大学紀要（第Ⅱ部門・第44巻第2号）137頁-147頁，1996.2

今こそ家庭科!
-人生100年時代の学びは家政学から？-

第12章

人生100年時代，急速に変容する社会の中で，生活主体としてどのように生活をマネジメントしながら生きていけばよいのでしょうか。

あなたは今，家族や社会とどのようにつながっていますか？

これまで何を大切にして生きてきましたか？

ここでは，学校教育における家庭科や家政学の学びがあなたの人生にどのように関連するのか，また，手に入れたい未来を築くために，生活や社会を変革する力をどのように発揮すればよいかを述べたいと思います。

人生の様々な場面で，いのちをはぐくみ，人とつながり，持続可能な暮らしをつくる，とはどのようなことかを考えるきっかけになれば嬉しいです。

大本 久美子

◆ いのちとは，その人が持っている時間

聖路加国際病院名誉院長の日野原重明氏は，2017 年 7 月に 105 歳で他界されました。彼は「60 歳は老年期ではない，老年への準備が始まる『中年期』である」[1] と述べています。人生 100 年時代，50 歳が折り返し地点ですから，まさに 60 歳は中年期に当たるかもしれません。また，「生活習慣病」という呼び方を提唱し，よい習慣作りで病気を予防することの大切さも早くから説かれていました。

さらに「命とは，人間（君達）が持っている時間のこと」，「なんといっても，人が人に与える最高のものは，心である」[2] の彼の名言も心に残っています。実はこれらの言葉や，よい習慣作りで病気を予防することは家庭科や家政学と深く関連しています。

本章では，健康で安全・安心な暮らしを営むための生活力（生活実践力）を身につけるための「家庭科や家政学の学び」について論じてみたいと思います。

◆ ウェルビーイングを実現する家庭科や家政学の学び

近年，ウェルビーイングという言葉をよく耳にしますね。一般的には，その人にとって究極的に善い状態，満足した生活を送ることができている状態を指しています。WHO（世界保健機関）では，健康を「身体的，精神的，社会関係上のウェルビーイングが満たされた状態にあること」と定義しています。

一方ポジティブ心理学の創設者であるマーティン・セリグマン氏はウェルビーイングを高めるための 5 領域，PERMA モデルを示しています[3]。PERMA とは，P ＝ Positive Emotion（ポジティブ感情），E ＝ Engagement（エンゲージメント），R ＝ Relationship（他者との良い関係），M ＝ Meaning and

Purpose（人生の意味や仕事の意義，及び目的の追求），A ＝ Achievement（達成）であり，それぞれのレベルを上げることでウェルビーイングが向上するとされています。

家庭科では，これまでも生活を総合的に捉え，持続可能なよりよい家族や家庭生活，消費生活のあり方を問題解決的に考えてきました。この「よりよい家庭生活や社会の創造を目指す家庭科」の目的追求や，よりよい家庭生活の実現（達成）が，ウェルビーイングの向上につながっていくと解釈することもできます。

自分に与えられた時間を，健康でウェルビーイングに満たされたものにするために家庭科の学びが大いに貢献できるといっても過言ではありません。

さらに家庭科の背景学問（親学問）とも言われている「家政学」の目的は，人間生活の質の向上及び人類の福祉への貢献です。学問の独自性は「家政学的な価値（愛情・ケア・互恵関係・人間的成長・文化の伝承と向上等）に基づいて課題を認識すること」であり，生活の価値を守る学問として「健康・安全・快適・平等」に過ごせること等を目標にしています。

序章でも紹介された『21世紀の家政学（2008年 IFHE Position Statement :Home Economics in the 21st century）』には，「21世紀には，家政学の対象を広い生活環境を含むものとし，家庭内から地域＝世界的な（glocal な）コミュニティに広げる。家政学は個人，家族，コミュニティのエンパワーメントとウェルビーイングに関心を払う」の記述が見られます[4]。これらのことからも家政学がウェルビーイングの実現に深くかかわりがあるといえそうですね。

◆ 現代の家庭生活の意義

教育学者の汐見稔幸氏は，「家庭が消費の場に純化し生産的機能を喪失してきていることは，子どもたちに生きるということの手応えや喜びをなくすという負の影響をも与えている。『現代の生産的生活』を創造する力とその大事さを教え学ぶ場として，家庭科を位置づけるべき」と述べています[5]。

今の世の中，それぞれが好きなものを買って個別に食べることや，朝，昼，夜の三食を外ですませることも可能です。一人暮らしや大人だけの生活なら

そのようなライフスタイルもあり、かもしれませんが、私は家庭生活から食事づくりや食事風景が、減少しつつあることに危機感を持っています。なぜなら、このような家庭環境で育った子どもは、「自分でつくって家で食べる」という選択がしづらくなるのではないかと心配するからです。

また「食べる」ことを通して家族とつながる機会も減少します。誰かと共に生活している子どもたちが「食べる」ことを通してつながりを深めることも健康やウェルビーイングの向上に寄与します。自分の手で美味しいものを作って誰かに食べてもらう、このような機会を子ども時代にたくさん経験できると良いですね。

一方的に与えられたモノやサービスを消費するだけでは、決して生活力は身に付きません。「生きる」という営みは、家族と共に「自覚的」に生活すること、つまり日々の食事を共に準備し、食すこと、生活空間を工夫する、衣類、生活用品、生活の場を管理する、ケアが必要な人の世話をする、など「提供」されるモノやサービスを個々に消費するだけではない、「家族と共に創造的な営みを主体的に実践すること」ということもできます。このような生活実践のなかでこそ真の「生きる力」が培われるのではないでしょうか。また一人暮らしの高齢者は調理技術が低いと死亡リスクが高まる可能性がある、というコホート研究結果も公表されています[6]。調理技術がなく、ほとんど自炊をしないことの危険性を示した研究と推測できます。

子どもたちに現代の家庭生活の意義を実感させ、創造的な生活実践力を育むために家族と共に「自覚的に生活する」ことの大切さやスキルを体得できる家庭科の授業を実践したいものです。

◆ 少ない家庭科の授業時数

しかしながら、子どもたちに「生きる力」を育み、現代の教育課題に深くかかわりのある家庭科は、授業時数のもっとも少ない教科となっています（図1・図2）。義務教育9年間の総授業時間数：8,830時間（小学校：5,785、中学校：3,045）の中で、家庭科は202.5時間（小学校：115、中学校：87.5）です。総時間数のわずか2%とは驚きです。この数字は受験学力が重視され、生活に

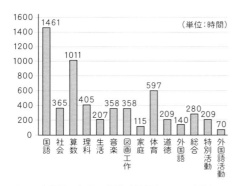

図1　小学校6年間の合計時間数（5,785時間）

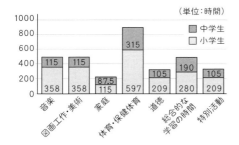

図2　小中学校4教科と道徳，総合的な学習の時間と特別活動の授業時間

関する教育が軽視されていることの表れなのでしょうか。「目に見えない」，「数値化できない」おまけに「答えが一つでない」ものを考える力，画一的な評価になじまないこのような力が今注目されています。これまで家庭科ではこのような力を育んできました。授業時数が少ないということは，単に家庭科の学習時間が少ないということだけではなく，専任教員の不在という深刻な問題にもつながっています。

現在，小中学校の授業時間を短縮する方向で，検討が進んでいます。短縮分は各校が自由に使えるようにするなど，カリキュラムに柔軟性が生まれる見込みです。子どもの生活課題解決のためにこれらの時間が使われることを大いに期待したいと思います。

家庭科の学習内容

ところでみなさんは，家庭科でどのようなことを学んだか覚えていますか？　調理実習や被服（製作）実習などが記憶に残っているという人が多いかもしれませんね。家庭科はそれらの実習だけでなく，「家族・保育・高齢者・福祉・地域・食生活・衣生活・住生活・環境・消費・経済・生活設計・生活経営」など多岐にわたる内容が含まれています。生活を総合的に捉える家庭

科においては，選択・購入・使用・廃棄などの消費行動を具体的な衣生活や食生活，住生活の場面で考え，自らの生活をどのように営むか思考し，実践する学習や人と関わることの重要性，先人から受け継がれた生活文化や生活の見方なども学んでいます。表1に小・中・高等学校の学習内容をまとめてみました。

高等学校の「A　人の一生と家族・家庭及び福祉」を例に挙げると，「人の一生について，自己と他者，社会との関わりから様々な生き方があることを理解するとともに，自立した生活を営むために必要な情報の収集・整理を行い，生涯を見通して，生活課題に対応し意思決定をしていくことの重要性について理解を深めること，生涯を見通した自己の生活について主体的に考え，ライフスタイルと将来の家庭生活及び職業生活について考察し，生活設計を工夫する，生活の営みに必要な家族，友人，健康，金銭，もの，空間，技術，時間，情報など，生活する上で重要な要素が生活資源であることに気付き，それらに関わる情報を収集，整理することの重要性を理解できるようにする[7]」ことなどが明記されています。つまり高校生になってから，時間や情報が重要な生活資源であることや生涯を見通した家庭生活や職業生活について学習することになっていますが，これらのことは，より早い時期，例えば小学生期からきちんと理解しておく必要があるのではないでしょうか。

さらに高等学校の「C　持続可能な消費生活・環境」では，「国際連合が定めた持続可能な開発目標（SDGs）など持続可能な社会を目指した国際的な取組について取り上げ，大量生産，大量消費，大量廃棄に至っている消費社会の現状から，その重要性を理解できるようにする[8]」ことが明記されています。SDGsと衣生活や食生活，住生活の学習と関連させて，今日の「消費社会の課題」をグローバルに取り上げる学習が求められています。

SDGsターゲット4.7では「・・・持続可能なライフスタイル，人権，ジェンダー平等，平和と非暴力文化の推進，グローバルシティズンシップ，文化多様性の尊重，持続可能な開発に文化が貢献することの価値認識，などの教育を通して，持続可能な開発を促進するために必要な知識とスキルを確実に習得できるようにする」と記述され，SDGsと家庭科の学習内容の重なりが確認できます。このようにSDGsの17目標だけでなく，169のターゲットの

表1　小学校家庭・中学校技術・家庭（家庭分野）・高等学校（家庭基礎）の内容一覧

キーワード		小学校	中学校（家庭分野）	高等学校（家庭基礎）
人		A 家族・家庭生活	A 家族・家庭生活	A 人の一生と家族・家庭及び福祉
	生活設計 家族			(1) 生涯の生活設計
		(1) 自分の成長と家族・家庭生活	(1) 自分の成長と家族・家庭生活	(2) 青年期の自立と家族・家庭
	幼児	(2) 家庭生活と仕事	(2) 幼児の生活と家族	(3) 子供の生活と保育
	地域 共生 福祉	(3) 家族や地域の人々との関わり	(3) 家族・家庭や地域との関わり	(4) 高齢期の生活と福祉
				(5) 共生社会と福祉
モノ		B 衣食住の生活	B 衣食住の生活	B 衣食住の生活の自立と設計（家庭総合は衣食住の生活の科学と文化）
	健康 栄養 食文化	(1) 食事の役割	(1) 食事の役割と中学生の栄養の特徴	(1) 食生活と健康
		(2) 調理の基礎	(2) 中学生に必要な栄養を満たす食事	
		(3) 栄養を考えた食事	(3) 日常食の調理と地域の食文化	
	快適 製作 選択	(4) 衣服の着用と手入れ	(4) 衣服の選択と手入れ	(2) 衣生活と健康
		(5) 生活を豊かにするための布を用いた製作	(5) 生活を豊かにするための布を用いた製作	
	安全 住環境	(6) 快適な住まい方	(6) 住居の機能と安全な住まい方	(3) 住生活と住環境
金銭・ライフスタイル		C 消費生活・環境	C 消費生活・環境	C 持続可能な消費生活・環境
	消費生活 持続可能 意思決定 消費行動	(1) 物や金銭の使い方と買物	(1) 金銭の管理と購入	(1) 生活における経済の計画
			(2) 消費者の権利と責任	(2) 消費行動と意思決定
	環境	(2) 環境に配慮した生活		(3) 持続可能なライフスタイルと環境
		A(4) 家族・家庭生活についての課題と実践	A(4) 家族・家庭生活についての課題と実践	D ホームプロジェクトと学校家庭クラブ活動
			B(7) 衣食住の生活についての課題と実践	
			C(3) 消費生活・環境についての課題と実践	

　内容を知ることで，家庭科とSDGsの関連をより強く意識することができるかもしれません。またSDGsは，全ての人々の人権を実現し，環境・社会・経済の3側面を調和するものとされていますが，家庭科の学習では，それらに加え，17目標の先に「人の生活（人を中心にした考え方）」が見えている

ことが大切です[9]。

以上のことから「健康・安全・快適・平等」に過ごせることや生涯の生活を見通し、持続可能なライフスタイルを考えること、SDGsの実現に体系的に学ぶ小・中・高等学校の家庭科が深く関連していることが確認できました。

❤ 家庭科で育成したい「変革を起こすコンピテンシー」

「2030アジェンダ」[10]には、「人類と地球の未来は、我々の手の中にある。」「（我々は）地球を救う機会を持つ最後の世代になるかもしれない。」[11]という記述があります。

学校教育の最大の目標は、持続可能な世界に変革できる人材を育成することであり、学習指導要領の総則にも「児童（生徒）一人一人がよりよい社会や幸福な人生を切り拓いていくためには、主体的に学習に取り組む態度も含めた学びに向かう力や、自己の感情や行動を統制する力、よりよい生活や人間関係を自主的に形成する態度等が必要になる」と明記されています。

学習指導要領改訂にも影響を与えたOECD「Education 2030」ラーニング・コンパス（学びの羅針盤）には「変革を起こすコンピテンシー」:（新たな価値を創造する力、対立やジレンマに対処する力、責任ある行動をとる力）が示されています。それらを踏まえて、私は家庭科で特に重視して育成したい「変革を起こすコンピテンシー」を図3のように提案しました[12]。自らの生活や社会を変革するために、多様な価値が存在する現代社会においては、互いのよさを引き出し、より豊かな生活を求める力や様々な考えを統合し、課題を解決する力、自らの役割を自覚し、実践や行動にうつす力が必要です。

❤ 命をはぐくむ・人とつながる・暮らしをつくる

これらの3つのキーワードは、相互に関連しあって生活を営む重要な視点として存在しています。未来に生きる子どもたちに「いのちをはぐくみ、人とつながり、持続可能な暮らしをつくる力＝健康で安全・安心な暮らしを営む生活力（生活実践力）」を、家庭科をはじめとする学校教育や地域、家庭

図3　家庭科で特に重視して育成したい「変革を起こすコンピテンシー」

教育でしっかりと育成していきたいものです。加えて、社会にでてからも「学び続ける姿勢」を育むことも強く意識しておきたいものです。

これらの学びは、他者との対話を重視し、心を育む機会を創出します。また「就労（仕事をすること）」は、単に収入を得るだけではなく、社会とつながることができます。社会とつながれば、人とつながり、心のやり取りを経験することができます。人が人に与えられる最高の「もの」を与えたり、受け取ったりできる人になることで、ウェルビーイングも高まります。「ウェルビーイング」を高めることができ、自身の生活を豊かにするだけではなく、生活者の視点から社会のあり方を問うことができる子どもたちを育てる家庭科教育の役割は今後ますます重要になることでしょう。

家庭科の学びは人生という「時間」を重ねることで意味や重要性が増し、100年という長い人生の様々な場面で活かすことができます。生涯学習とし

て，食育や消費者教育等家庭科に関連する学びも多くあります。人生 100 年時代，生活主体として生活をマネジメントしながら生きて行くために家庭科や家政学の価値を改めて見直すときではないでしょうか。

参考・引用文献

1) 日野原重明『人生百年　私の工夫』幻冬舎，2002，p.26
2) 「日野原重明の名言 74 選」名言大学（meigen-univ.com）
https://meigen-univ.com/person/30317/#google_vignette（2024.4 閲覧）
3) 「ポジティブ心理学とは」JPPA 日本ポジティブ心理学協会（jppanetwork.org）
https://www.jppanetwork.org/what-is-positivepsychology（2024.6 閲覧）
4) 正保正恵「2008 年 IFHE Position Statement :Home Economics in the 21st century の抜粋要約」『家政学原論研究』43 巻，日本家政学会家政学原論部会，2009
5) 日本家庭科教育学会編「生きる力をそなえた子どもたち－それは家庭科教育から」，2013
6) 「一人暮らしの高齢者は調理技術が低いと死亡リスクが高まる」医師向け医療ニュースはケアネット（carenet.com）
https://www.carenet.com/news/general/hdnj/57853（2024.6 閲覧）
7) 文部科学省　高等学校家庭科学習指導要領（平成 30 年告示）解説　家庭編，2018
8) 同上
9) 大本久美子「消費生活領域の学習と SDGs」日本家庭科教育学会誌　第 64 巻第 3 号，2021，p.209
10) 「2030 アジェンダ」とは,「我々の世界を変革する：持続可能な開発のための 2030 アジェンダ」の略称。このアジェンダは，人間と人間が暮らす母なる地球のための行動計画であり，アジェンダの中で出された具体的な目標が SDGs である。
11) 2030 アジェンダ外務省仮訳，https://www.mofa.go.jp/mofaj/files/000101402.pdf（2024.4 閲覧）
12) 大本久美子・岸田蘭子編著『ウェルビーイングの向上を目指す家庭科教育　パフォーマンス課題によるアプローチ』大修館書店，2022，p.15

さらに学びたい人へ

暉峻淑子『対話する社会へ』岩波書店，2017
社会を動かすためには対話が必要である，戦争・暴力の反対は平和ではなく対話である，と筆者は述べている。これからの社会のあり方を考える上で，ぜひ読んでいただきたい。『承認をひらく』（2024）が集大成として出版されている。

リンダ・グラットン他『16 歳からのライフ・シフト』東洋経済新報社，2023
人生 100 年時代の言葉を生み出した『LIFE SHIFT ライフ・シフト』の学生向けエッセンシャル版。これからの人生を考える上で一読をお薦めしたい。

おわりに

家政学の世界は、いかがでしたか。

私たちが生きていく上で本当に大切なものとはなんでしょうか。その思考を育むヒントとして、2度、3度と、本書を開いてみてください。その時々の状況や年齢に応じた新たな発見があることでしょう。

豊かさの基準は人それぞれですが、この研究会では、「家庭生活」を生活の原点と考え、そこに手がかりを見いだしています。人間も地球もともに幸せであること、そしてそれを次世代に引き継いでいくこと。これからは家族を越えた広いつながりの中で、将来も見据えた「今」を意識して、生活を営むことの重要性を本書では伝えています。

読み終えてみて、育んでみたい何かはみつかりましたか？
本書が、未来のみなさんに寄り添える一冊となれば幸いです。

本書は、『家政学のじかん』(2011)に始まり、『今こそ家政学』(2012)、『楽しもう家政学』(2017)とリニューアルされてきたものです。前書同様、関西家政学原論研究会に集う有志らで編集しました。家政学を様々な人に知ってもらいたい想いに賛同いただいた抽象画家ZAnPon氏、アートディレクター中谷氏との出会いの中で企画され、前書「楽しもう」から、より良い私たちの未来を「育もう」といったメッセージを込めて新しく生まれ変わりました。

家政学に関心を持ってくださった方は、下記ホームページをご覧ください。

一般社団法人 日本家政学会　https://jshe.jp/index.html

キーワード表

序章

AIのご宣託
世界の総人口
人類史の転換期
家庭不要論
功罪二面性
Future Proofing
豊かさの判断基準

第1章

出生前診断
男児選好
ケアの準備
胎児の命の選別
胎児治療
重度の遺伝病
今ある命の存在

第2章

「失う」という経験
「母の日」の起源
亡くした人に手紙を
百通りのグリーフ
喪失志向と回復志向
火山の部屋
友だちのグリーフ

第3章

複数の栄養不良
何色の食品か
旅行先でご当地料理
組み合わせて食べる
お腹の中で飢餓状態
リスクのトレードオフ
安全・安心の水準

第7章

道具としての衣服
「いただきます!」の気持ち
健全な対価
思っていた質感やサイズ
着用後にリセール
衣服を土に埋めたら
衣服の前後

第8章

幸せのシンボル
生活時間が規則的
家事科の時間
「謹慎」
Family Mealtime
「妻の手料理」
生きるための百科事典

第9章

ネットカフェ難民
屋根がない状態
日本国憲法第25条
不適切な住居
二重ローン問題
スフィア基準
アフォーダブル住宅

第10章

おひとりさま
グループで暮らす
分散型サ高住
フロントで安否確認
ココロの健康寿命
ロボット介護
高齢者住宅の+α

あなたのこころに触れた言葉はなんでしょう。
そこに大切なことが書いてあるかもしれません。

第 4 章

最後まで自宅で
家庭内の介護力
馴染みの場所
多床室から個室へ
逆デイサービス
ADL（日常生活動作）
ついで利用

第 5 章

かまってくれる大人
ジジババ保育園
トロール（妖精）の森
月が必要！
「都市」の裁判
「生きる・暮らす」感覚
年齢に適した遊び

第 6 章

「面白い」の語源
Co-食
DK創造物語
マクドナルド
朝食の外食率
遠隔共食
食する記憶が原風景

第 11 章

結論は「ギター」
あくまで猶予
繰上返還
水槽にたくさんの穴
賃金に性差
2人分の生涯年収
「お金の出口」

第 12 章

よい習慣作りで病気を予防
PERMA モデル
自分に与えられた時間
「自覚的」に生活
重要な生活資源
互いのよさ
社会のあり方を問う

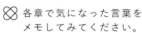
各章で気になった言葉を
メモしてみてください。

序	
1	
2	
3	
4	
5	
6	
7	
8	
9	
10	
11	
12	

執筆者紹介

序章・コラム12
岸本幸臣
大阪教育大学

家政学に魅せられて、今も勉強中です

1章・コラム9
吉井美奈子
武庫川女子大学

人にも未来にも優しくを目指しています

2章
荒谷直美
グリーフ活動に携わる家族関係研究者

音楽と共育で心潤う暮らしを探求中です

3章
星野亜由美
東京学芸大学

食を楽しむ視点を育てています

4章
黒木宏一
新潟工科大学

活き活きとした高齢者の場を探究中です

5章
花輪由樹
金沢大学

北陸暮らしの楽しみ方を探っています

6章
小倉育代
科学技術と生活を考える研究者

好奇心と私らしさを育てています

7章
谷 明日香
大阪樟蔭女子大学

ヒトと地球に優しい衣服を探究しています

8章
表 真美
京都女子大学

急がず休まず諦めずがモットーです

9章
宮﨑陽子
羽衣国際大学

家族との時間を大事にしています

10章
中西眞弓
甲南女子大学

よりよく暮らせる住まいを考えています

11章・コラム1
奥井一幾
神戸松蔭女子学院大学

「育む≒待つ」と考えています

12章
大本久美子
大阪教育大学

家庭科への熱い思いを日々育んでいます

コラム2
福田 豊子
龍谷大学

慈愛の心，ケアの心を大切にしています

コラム3
橘 由佳
京都女子大学大学院

食を通した高齢者の幸せを探っています

コラム4
萩原 有紀
はぎはらFPラボ

異質なモノゴトを繋げる力を育んでいます

コラム5
城戸 千晶
室内温熱環境と健康を考える研究者

研究成果の社会実装に挑戦しています

コラム6
司馬 麻未
関西学院大学

暮らしを豊かにデザインすることです

コラム7
宮川 駿
広島大学大学院／広島大学附属中・高等学校

好奇心・探究心を養う学びを追究中です

コラム8
詫間 千晴
岡山大学学術研究院教育学域

よりよい家庭科の授業を探っています

コラム10
谷 昌之
大阪府立天王寺高等学校

お腹のお肉が…巣立たず育っています

コラム11
高山 さやか
関東第一高等学校

身になる家庭科とは何かを追究中です

デザインチーム紹介

表紙アートワーク
山本 清司
ZAnPon

純粋に観じる心を大事にしています

アートディレクション
イラスト
中谷 吉英
LiLo in veve

毎朝，家と職場の植物を育んでいます

編集部紹介

樋口 良子
開隆堂

歌舞伎とプロ野球を観る目を育み中です

上條 礼音
開隆堂

日々，節約技術を育んでいます

質問

これまで育んできたこと 現在育んでいること これから育もうとしていることは？

育もう家政学

あなたの生活に寄り添う身近な学問

2024年9月30日　第1刷発行

編著者	家政学のじかん編集委員会
発行者	岩塚太郎
発行所	開隆堂出版株式会社 〒113-8608 東京都文京区向丘1-13-1 TEL 03-5684-6116（編集） http://www.kairyudo.co.jp
印刷所	壮光舎印刷株式会社
発売元	開隆館出版販売株式会社 〒113-8608 東京都文京区向丘1-13-1 TEL 03-5684-6718　振替 00100-5-55345

・定価はカバーに表示しております。・本書を無断で複製することは著作権法違反となります。
・乱丁本, 落丁本はお取り替えいたします。ISBN 978-4-304-02198-5